Quand l'artiste détourne l'objet

Ce livre est le 156ème livre de la

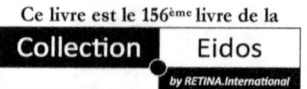
Collection Eidos
by RETINA.International

Créée par Michel Costantini & dirigée par François Soulages

Comité scientifique international de lecture

Argentine (Silvia Solas, Univ. de La Plata), *Brésil* (Biagio D'Angelo, Univ. de Brasilia), *Chili* (Rodrigo Zuniga, Univ. du Chile, Santiago), *Corée du Sud* (Hyeonsuk Kim, Chung-ang University, Séoul), *Espag* (Pedro San Ginés, Univ. Granada), *France* (François Soulages, Univ. Paris 8), *Grèce* (Panayotis Papadimitropoulos, Univ. d'Ioanina), *Japon* (Kenji Kitamaya, Univ. Seijo, Tokyo), *Hongrie* (Anikó Ádam, Univ. Pázmány Péter, Egyetem *Luxembourg* (Paul di Felice, Univ. de Luxembourg), *Malte* (Thierry Tremblay, Univ. de La Valette)

Série PHOTOGRAPHIE

2 François Soulages (dir.), *Photographie & contemporain*
8 Catherine Couanet, *Sexualités & Photographie*
9 Panayotis Papadimitropoulos, *Le sujet photographique*
10 Anne-Lise Large, *La brûlure du visible. Photographie & écriture*
15 Michel Jamet, *Photos manquées*
16 Michel Jamet, *Photos réussies*
19 Marc Tamisier, *Sur la photographie contemporaine*
20 Marc Tamisier, *Texte, art et photographie. La théorisation de la photographie*
21 François Soulages & Julien Verhaeghe (codir.), *Photographie, médias & capitalisme*
22 Franck Leblanc, *L'image numérisée du visage*
23 Hortense Soichet, *Photographie & mobilité*
24 Benjamin Deroche, *Paysages transitoires. Photographie & urbanité*
25 Philippe Bazin, *Face à faces*
26 Philippe Bazin, *Photographies & Photographes*
27 Christiane Vollaire (dir.), *Ecrits sur images. Sur Philippe Bazin*
32 Catherine Rebois, *De l'expérience en art à la re-connaissance*
33 Catherine Rebois, *De l'expérience à l'identité photographique*
34 Benoit Blanchard, *Art contemporain, le paradoxe de la photographie*
45 Marcel Fortini, *L'esthétique des ruines dans la photographie de guerre*
47 Caroline Blanvillain, *Photographie et schizophrénie*
53 Rosane de Andrade, *Photographie & exotisme. Regards sur le corps brésilien*
54 Raquel Fonseca, *Portrait & photogénie. Photographie & chirurgie esthétique*
57 Agathe Lichtensztejn, *Le selfie aux frontières de l'egoportrait*
59 Zoé Forget, *Le corps hors norme dans la photographie contemporaine*
79 Bertrand Naivin, *Selfie, un nouveau regard photographique*
84 Cristina Dias de Magalhães, *Vues de dos. Espace d'identité & de création*
85 B. D'Angelo, Fçs Soulages & S. Venturelli (codir.), *Frontières des mouvements autophotobiographématiques. RETINA à Brasilia*
86 Gilles Picarel, *Photographie & altérité*
92 François Soulages & Silvia Solas (codir.), *L'homme disparu. Photographies & corps politiques, 9*
95 Alejandra Niedermaier, *La femme photographe en Amérique latine*
97 Bruno Zorzal, *Les photos, un matériau pour la photographie*
98 Bruno Zorzal, *Esthétique de l'exploitation photographique des photos déjà existantes*
99 François Soulages (dir.), *Image servile, image critique. Photographie & corps politiques 10*
107 B. D'Angelo, F. Soulages & S. Venturelli (codir.), *De la photographie au post-digital. Du contemporain au post-contempora*
111 Rodrigo Zuniga, *Ultra-peau. Au-delà de la dermatologie photographique*
112 François Soulages & Gilles Picarel (codir.), *Photographie & extériorité*
114 François Soulages & Agathe Lichtensztejn (codir.), *Ego/o/nline. Du selfie*
115 François Soulages & Angèle Ferrere (codir.), *Esthétique de la photographie de chantier*

Les autres titres de la Collection Eidos sont donnés à la fin de ce livre

RETiiNA·International

Marie-Luce Liberge

Quand l'artiste détourne l'objet

Le rire face aux violences

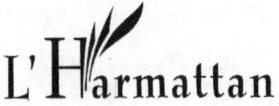

De la même auteure

Images et violences de l'histoire, Paris, L'Harmattan, collection *Eidos*, 2014.

Esthétiques du rire et violences de l'histoire, Paris, L'Harmattan, collection *Eidos*, 2019.

Fabrique du rire, les corps face à la violence de l'histoire, Paris, L'Harmattan, collection *Eidos*, 2021.

© L'Harmattan, 2022
5-7, rue de l'Ecole-Polytechnique, 75005 Paris

http://www.editions-harmattan.fr

ISBN : 978-2-14-030546-7
EAN : 9782140305467

Introduction

Ce texte est le troisième d'un ensemble de livres traitant de la dialectique « rire/violences de l'histoire » ; rappelons que le premier livre, *Esthétiques du rire et violences de l'histoire*[1] posait les bases historiques, terminologiques et conceptuelles de la réflexion, et que le second livre, *Fabrique du rire / les corps face à la violence de l'histoire*[2] se concentrait sur le corps comme élément central de l'œuvre nourrissant l'esthétique du rire face à la violence.

Ce troisième livre s'inscrit dans la suite logique des précédents et place l'objet au cœur de sa préoccupation ; et ceci dans la mesure où celui-ci est, entre autres, réceptacle de l'agencement humoristique, socle du dispositif comique ou support à l'injonction ironique. Il est alors question de l'appréhender dans sa richesse et sa densité, il est aussi question d'en saisir la force d'impact, ceci, à travers un travail que l'on peut qualifier d'herméneutique de l'œuvre.

Comme dans le livre précédent, il est ici question de circuler d'une œuvre à l'autre et de parcourir des analyses d'œuvres variées qui mettent en lumière les procédés du rire qui évoquent, luttent, résistent aux violences. Ici encore, il n'est pas question de s'intéresser à une seule catégorie du rire, mais d'analyser des œuvres différentes, d'osciller de l'humour à l'ironie en passant par l'humour noir, et il s'agit de mettre en lumière le trait d'esprit qui les anime…

Ici également, fidèle à la logique réflexive exposée initialement dans les précédents ouvrages, nous nous intéressons à des réalisations

---

[1] Marie-Luce Liberge, *Esthétiques du rire et violences de l'histoire*, Paris, L'Harmattan, collection *Eidos*, 2019.
[2] Marie-Luce Liberge, *Fabrique du rire/les corps face à la violence de l'histoire*, Paris, L'Harmattan, collection *Eidos*, 2021.

artistiques déjouant une monstration des violences voyeuristes pour procéder à une fabrique de l'image plus habile que l'image-choc. Mais pourquoi s'intéresser à l'objet en particulier ?

Rappelons que ce qui a, très manifestement, au début du XXème siècle, modifié et renouvelé d'une part, la façon dont penser l'art, d'autre part, la prise en compte du rire dans les œuvres ainsi que sa « fabrication » ou son élaboration sur le plan esthétique, c'est l'arrivée de l'objet exposé dans l'espace du musée ou de la galerie, c'est l'objet fait œuvre.

En réalité, si avant Dada, les Incohérents jouaient déjà avec les objets, le théâtre de la fin du XIXème siècle s'amuse à les manipuler, les activer, les casser : « dans *Les Boulingrins* de Courteline par exemple, (…) l'on casse la vaisselle, pendule, mobilier, avant d'incendier la scène (…) »[3], les cabarets, dont celui de Karl Valentin[4] notamment, sont le lieu du « désastre matériel »[5], ce que reprendra le cinéma burlesque qui développe toute une dynamique en lien à l'objet.

Mais parer, transformer, agencer, déformer ou simplement montrer les objets en lien à la violence de l'Histoire c'est toujours, la plupart du temps, indirectement parler du corps : corps politique, corps meurtri, corps des victimes, corps de l'artiste, corps du spectateur, corps collectif. L'objet est un lieu symboliquement et métaphoriquement évocateur du corps.

Historiquement, par ailleurs, l'objet inséré dans l'œuvre ou considéré comme œuvre même, marque un tournant majeur : tout d'abord, dans la façon de bouger les lignes définitionnelles relatives à ce qui est susceptible d'être une œuvre (notamment avec le *ready-made* mais pas uniquement), puis, dans la façon de penser ce que peut être une démarche artistique, enfin, dans la manière d'envisager le rire dans l'œuvre d'art. L'objet est aussi ce sur quoi nombre d'artistes contemporains (des années 90 à aujourd'hui) s'appuient pour évoquer la violence de l'Histoire et y réagir. En quoi l'objet, donc, peut-il être un lieu de l'évocation de l'Histoire dans sa violence par l'absurde, le grotesque, l'ironique, le satirique ? Comment l'esthétique de ce rire peut-elle s'élaborer dans l'objet et renouveler des modalités d'images relatives à la violence de l'Histoire ? Pourquoi, aujourd'hui, penser

---

[3] Mireille Losca-Lena, *Rien n'est plus drôle que le malheur,* Presses univ. de Rennes, 2011, pp. 43-44.
[4] *Idem.*
[5] *Idem.*

l'objet et sa potentialité risible, absurde, insolite, incongrue, tournée vers la violence de l'histoire ? En quoi importe-t-il d'appréhender l'objet ironique, absurde, décalé ou incongru comme un élément propre à une perception singulière des violences ? Comment l'objet en lien au rire et à la violence de l'histoire élabore la possibilité d'un regard analytique et ludique sur celles-ci ?

Mais avant d'évoquer cela à proprement parler, nous nous demanderons d'abord ce qu'est un objet et nous reviendrons sur quelques éléments d'histoire quant à l'inscription de l'objet dans sa prise en compte du rire en art : c'est-à-dire son inscription dans l'œuvre par les Incohérents, les dadaïstes et les surréalistes.

Penser l'insertion des objets dans l'œuvre dans une prise en compte du rire ne va pas sans considérer l'évolution de l'histoire des idées et de la pensée ; c'est-à-dire du contexte de leur émanation ; en effet, l'avènement de la psychanalyse par exemple aura influencé les surréalistes, mais il aura plus généralement aussi influencé la façon de créer, car la découverte de l'inconscient a changé, de façon majeure, la manière de faire, de voir les objets, de les percevoir dans leur surgissement apte à évoquer le réel.

Aujourd'hui, nombre d'artistes contemporains aux prises avec les violences, ou sensibles aux questions géopolitiques et à leur brutalité, résistent à l'« inouï de l'Histoire » à travers une expressivité qui se départit d'une unique portée didactique de l'œuvre : ils construisent, disposent, transforment des objets qui induisent un décalage sémantique, qui aménagent une distanciation de la violence, mêlant rire et gravité, dissonance et onirisme, trouble et jeu, en inscrivant souvent, dans les formes plastiques, du second degré et une pluralité de lectures ; nombre d'artistes choisissent donc de se focaliser sur l'objet où le rire se fait support du dispositif d'ensemble. Le rire de l'artiste introduit des jeux de pistes visuels, formels, réflexifs, esthétiques qui placent le spectateur en position active. L'objet est alors une proposition d'expérience sensible et décalée, redistribuant le champ d'appréhension. Une résistance par l'objet risible, absurde, ironique est-elle pensable ? Tous les artistes, aujourd'hui (de la fin du XXème siècle à aujourd'hui) – ceux dont nous traiterons à partir de certains de leurs travaux qui peuvent tisser entre eux des correspondances – choisissant de travailler l'évocation de la violence par l'objet risible, ludique, ironique, héritent donc, comme nous l'avons précisé, de révolutions de la pensée et de révolutions esthétiques (Dada, Surréalisme) que leurs objets continuent de réfléchir, d'alimenter ou avec lesquels ils entrent dans une forme de dialogue indiciel, implicite ou manifeste ; en ceci, leurs œuvres contiennent en substrat la sonorité ou le timbre d'un héritage poétique qui ne cessent de se diffuser, se disséminer, se réagencer, se répandre... Cette sonorité esthétique en substance dans les objets, aux prises avec la violence, aujourd'hui, est aussi sans doute celle d'un rire intérieur, celui également d'une prise de conscience qui s'efforce d'entendre singulièrement les pas de l'Histoire.

Pourquoi donc placer l'objet au cœur de notre réflexion sur le rire en lien à la violence de l'histoire dans l'œuvre ? En quoi carnavalesque, *Witz*, condensation, distanciation sous-tendent l'esthétique du rire de l'objet face à la violence de l'Histoire ? Quel éclat(-ement) de la représentation le rire provoque-t-il pour évoquer ou traiter les violences ? Quelles répétitions le rire de l'objet active-t-il pour alimenter une dynamique critique, rhétorique, poétique, inattendue ? Comment l'humour et/ou l'ironie s'agencent-ils au sein de l'objet témoignant engagement ou prise de position contre les violences ? C'est ce à quoi nos analyses tentent de répondre ici.

Notre matériel théorique – évoqué dans les ouvrages précédents (distanciation, *Witz*, condensation, et carnavalesque) – parfois relié à la satire, à la catharsis ou à un mode relationnel de l'esthétique du rire de l'objet, habitera le fil rouge de nos analyses d'œuvres.

Nous nous concentrerons d'abord sur quelques éléments de contextualisation. Puis, nous proposons une réflexion dessinée en trois mouvements consacrés respectivement à l'objet quotidien, aux armes, et aux jeux. Nous verrons comment l'agencement de l'objet banal peut se faire satirique et critique. Nous nous focaliserons en particulier sur d'autres modes d'inscription du *Witz* par l'objet. Nous serons notamment attentifs aux notions d'axiologie verticale et de circularité, mais aussi de disposition et de matériau. Nous nous concentrerons notamment sur la représentation détournée des armes par l'humour. Et enfin, le jeu achèvera l'analyse de notre corpus dédié au rire de l'objet face à l'Histoire.

1ᵉʳ moment

Eléments réflexifs & histoire de l'art

Chapitre 1

Les objets & le rire

Les objets sont le siège des souvenirs, de l'évocation visuelle du monde, de sa perception symbolique mais aussi de son appréhension tactile, concrète, immédiate. Le rire de l'objet s'appuie sur du concret, provoque une perception tangible pour aménager un décalage, une inversion, une incongruité. Les objets constituent le réel et son foisonnement saisis dans l'habitude ; car l'objet est en quelque sorte, habitude des petits gestes, des gestes répétés, usuels qui nous renvoient à être dans la posture de celui ou celle qui prend, saisit, utilise, actionne, fait, regarde, contemple, existe dans le quotidien. Même si dans le musée le regardeur-spectateur, la plupart du temps, ne touche pas ce qui est à voir, il est invité à « toucher des yeux » (Merleau-Ponty). Le rire carnavalesque s'empare des objets depuis le Moyen Âge comme le mentionne Bakhtine, à propos d'un passage de Rabelais ; il écrit :

> On donne à l'objet ou au visage un emploi ou une destination qui ne sont pas les siens, voire même diamétralement opposés (par distraction, malentendu, ou pour le déroulement de l'intrigue), cela déchaine les rires et l'objet se trouve rénové dans son mode d'existence inédit.[6]

---

[6] Mikhaïl Bakhtine, *L'Œuvre de François Rabelais et la culture populaire au Moyen Âge et sous la Renaissance*, trad. Andrée Robel (1970), Paris, Gallimard, 2010, pp.368-378.

S'il s'agit, pour le rire (notamment carnavalesque) de renouveler le mode d'existence de l'objet, il s'agit aussi de renouveler le regard, la manière de voir et percevoir. De même, le cinéma burlesque, comme le mentionne Petr Kral dans, *Le burlesque, ou la morale de la tarte à la crème*, se saisit des objets pour inverser le sens de leur vocation initiale, renouvelant des possibles dans l'image, animant une forme d'inversion des logiques rationnelles...

Certes, l'objet est le lieu où l'on existe dans une certaine banalité. Pointer la banalité de l'objet en le détournant, le transformant, l'agençant, c'est se focaliser sur le caractère ordinaire des êtres, dans leur essentialité propre, leur dimension substantielle, c'est une façon de s'intéresser, par le détour, par la trace, par l'infime, à l'Histoire elle-même, c'est une manière de passer par le détail de la « petite histoire », c'est une façon de la révéler, et de l'évoquer dans sa déflagration sensible ; déflagration que l'absurde, l'incongru, le grotesque, l'ironie viennent paradoxalement soustraire à la banalité elle-même, celle d'un code d'énonciation noyée dans la forme convenue, celle que l'image-choc, trop exhibitionniste des atrocités risque d'amener ou de construire par effet de saturation, de banalisation des images diffusées.

Autrement dit, le rire de l'objet, dans son lien à l'ordinaire, concerne directement le regardeur-spectateur, en redistribuant le rapport à l'identification ; rendu incongru, ironique ou absurde, décalé, comique, irréel, celui-ci donne de la violence une lecture autre qui la fait échapper à la banalisation. L'objet, c'est l'existence même empruntée aussi à de petites perceptions répétées ; c'est aussi le monde saisi dans une cristallisation métonymique, le vivant déposé dans un détail que le rire grossit, exagère, décale ou déforme, c'est le réel assis dans la sensation que le rire vient flouter, exagérer, intensifier, brouiller, perturber. « L'esprit voit et revoit des objets, écrit Bachelard dans *Poétique de l'espace*. L'âme dans un objet trouve le nid d'une immensité », ajoute-t-il.[7] Une immensité que le second degré du rire, la perspective de l'humour, la rhétorique de l'ironie permettent davantage de dilater, de dissoudre ou d'éclater...

Bernard Stiegler, parle quant à lui, de l'importance des objets qui nous entourent dans leur propension à favoriser une certaine

---

[7] Gaston Bachelard, *La poétique de l'espace*, Les Presses universitaires de France, 3ᵉ édition, 1961. Collection : Bibliothèque de philosophie contemporaine, p.174.

construction psychique, identitaire, symbolique qui s'articule dans la singularité. Il écrit :

> je suis singulier à travers la singularité des objets avec lesquels je suis en relation. (…) Or le rapport aux objets industriels, qui par ailleurs se standardisent, est désormais standardisé et catégorisé en particularismes.[8]

Il poursuit :

> Mon passé étant de moins en moins différent de celui des autres parce que mon passé se constitue de plus en plus dans les images et les sons que les médias déversent dans ma conscience, mais aussi dans les objets et les rapports aux objets que ces images me conduisent à consommer, (…) je me perds comme singularité.[9]

Il ajoute :

> [Mais l]'art (…) est l'expérience et le soutien de cette singularité sensible comme invitation à l'activité symbolique, à la production et à la rencontre de traces dans le temps collectif.[10]

L'objet singulier, même dans l'espace du musée, est peut-être déjà une forme de réponse à la violence en plus d'être une réponse aux écueils de l'image-choc ; et le rire singulier des artistes injecté dans l'objet peut aussi la dévier. Il peut aussi créer une dimension perspicace et sensible, critique et ludique, distanciatrice et intensificatrice, rhétorique et indécidable. Car plutôt que de s'enfermer dans des opinions, des « partis pris » pour citer Didi-Huberman, l'objet transformé par l'esthétique du rire, par un humour implicite ou manifeste, rhétorique, ironique, métaphorique ou participatif et relationnel, appelle le travail de la perception sensitive, corporelle du spectateur-regardeur qui rallie sa réceptivité sensible à sa réceptivité intelligible et imaginative.

Stiegler met à l'index, dans son œuvre en général, mais aussi dans le passage précité – un système marchand pervers qui détériore la capacité « d'investissement libidinal » des êtres humains. Autrement

---

[8] *Bernard Stiegler*, « De la *misère symbolique* », *journal le Monde, en ligne*.
[9] *Idem.*
[10] *Idem.*

dit, l'avoir – notamment l'avoir d'objets standardisés – contribue à déconstruire une inscription saine du désir, de l'élan vital, de l'individuation et de l'identification. La production d'objet et le lien symbolique que l'on est susceptible de développer à leur contact et/ou leur usage se font alors mortifères. Ici réside une violence où germe déjà l'Histoire. Car, n'est-ce pas un espace générateur de brutalités sous-jacent à la violence de l'Histoire que celle de la destruction du désir ?

Souvenons-nous aussi que la critique adornienne du rire s'inscrit étroitement dans le droit fil de cette critique de la production industrielle ; pour le philosophe, cette dernière construit une répétition mécanisée des images et un prétendu effet naturel des motifs, lesquels sont notamment liés au rire de divertissement relié à la machine, à l'appareil de reproduction. Stiegler est d'ailleurs un héritier de la pensée adornienne sur de nombreux points et notamment sur la question de la critique des industries culturelles, sur celle de la singularité et de l'individuation. Or, n'est-il pas possible que l'objet pensé par l'artiste (en lien à la violence) singularisé par l'esthétique du rire vienne rompre cette répétition morbide et ce « faussement naturel » critiqué par Adorno ? Le naturel d'impact immédiat et flamboyant du *Witz* – tel que pensé par le Cercle d'Iéna – et présent dans l'objet, pourrait-il s'opposer, contrer ce « faussement naturel » dans la forme et contre lequel s'insurge Adorno ?

Mais ce lien à l'universel propre au *Witz* (que nous avons évoqué en amont dans *Esthétiques du rire et violences de l'histoire*[11]), là encore à partir des théories du Cercle d'Iéna, ne viendrait-il pas s'opposer ou entrer en contradiction à cette notion de singularité abordée et défendue par Adorno et Stiegler ? Il semble que cela relève plus du paradoxe ou de l'ambivalence que de la contradiction ou de l'aporie. Car les forces naturelles et universelles qui animent le *Witz* – toujours selon les définitions de Schlegel et Novalis – loin d'abonder dans le sens de la standardisation de la pensée, s'alimentent, paradoxalement aussi, au singulier, à l'expérience, à la petite histoire. Et ce lien au particulier n'enlève pas la pensée du « commun » ; c'est au contraire peut-être ce lien universel ou fondamental à l'hétérogénéité de la matière du *Witz* qui permet d'exprimer ou de rendre saillant les traits particuliers des histoires, des multiplicités. Hétérogénéité de la force universelle du *Witz* en tant que forme et

---

[11] Marie-Luce Liberge, *Esthétiques du rire et violences de l'histoire, op. cit.*, pp. 113-124.

hétérogénéité des pluralités humaines (en résistance face aux violences de l'Histoire) auraient un lien de jonction. L'objet serait possiblement en lien à cette jonction. En outre, *catharsis*, récit, œuvre humoristique relationnelle, monumentalisme, hyperbole, inversions, mode sériel de représentation dans ou par l'objet ne sont-ils pas des moyens esthétiques du rire qui proposent d'autres modes de répétitions du réel et inventent d'autres formes de traitement de la violence ? Le rire, par la déformation ou la distorsion de l'apparence de l'objet ne peut-il pas dévier l'imitation réaliste, et engendrer un autre mode de répétition (répétition du réel, des figures, des modèles, des récits, des images, des motifs…) qui convoque d'autres modalités d'énonciations de la violence ?

Par ailleurs, au-delà de cette question du naturel et de la répétition, et indépendamment du *Witz*, du cathartique et de l'humour relationnel de l'objet, l'ironie à l'œuvre dans le dispositif ne peut-elle pas aussi jouer, engager et construire des modes rhétoriques et singuliers de monstration de la violence qui carnavalisent la perception, et appellent aussi à une forme d'émancipation du spectateur-regardeur ?

Enfin, l'objet risible ne relève-t-il pas d'un autre espace-temps capable de se décaler de la standardisation mortifère – de l'image ou de l'objet – dont parlent Adorno et Stiegler ? Le travail singulier du carnavalesque, du *Witz*, de la condensation et de la distanciation n'est-il pas, au sein de l'approche de l'objet, potentiellement capable d'entamer d'autres processus de distribution de l'image et de relation au regardeur-spectateur que ceux d'une répétition morbide et d'une représentation factice, exhibitionniste ou voyeuriste ? Mais retraçons, à présent, dans une perspective historique et esthétique, l'héritage des artistes d'aujourd'hui qui se confrontent à l'Histoire dans sa violence par la réalisation d'objets mis en jeu et en interaction avec l'humour, l'ironie, l'incongru, l'absurde…

Chapitre 2

Des Incohérents au Surréalisme

La présence de l'objet en tant que tel dans les travaux d'expressions plastiques apparait chez les Incohérents à la fin du XIXème siècle ; ces derniers parodient, raillent les peintres qui leur sont contemporains notamment lors de Salons : avec l'essor et l'épanouissement de la caricature – notamment dû à l'amélioration des techniques d'imprimerie et l'abondante pratique de la lithographie – (épanouissement graphique, stylistique, poétique et politique portée notamment par exemple par une haute figure créatrice comme Daumier à propos duquel Baudelaire écrira une longue analyse dans ses critiques), mais avec aussi l'empreinte satirique de Goya déployée notamment dans ses *Caprices*, l'esprit railleur est à son comble ; les Incohérents ajoutent l'empreinte qui leur est propre : ils privilégient une attitude festive, récréative, ludique, amusée, bon-enfant et gratuitement moqueuse dans le contexte d'un XIXème siècle ambivalent qui se veut habité du tourment de ses contemporains et de la mélancolie des romantiques ; le XIXème siècle est aussi le berceau de l'ironie romantique et d'un esprit satirique qui accompagne les luttes politiques qui mèneront à l'avènement de la République.

Dans ce contexte complexe, la dimension récréative et festive qu'introduisent les Incohérents fait sans doute office d'ovni. Les Incohérents ne se prennent pas au sérieux ; ils organisent des bals costumés, des revues, et comme le notent Daniel Grojnowski et

Denys Riout dans *Les arts incohérents et le rire dans les arts plastiques*[12], ils introduisent, en 1893, dans l'histoire des images et des Beaux-arts, le premier photomontage et les premiers objets dans les œuvres. Leur profonde singularité, leur effronterie, leur sortie des circuits officiels et/ou institutionnels de l'art et leur usage d'objets réels dans les travaux ouvrira une voie aux dadaïstes[13].

Cette idée de l'intrusion de l'objet réel dans l'espace plastique est des plus comiques. Daniel Grojnowski et Denys Riout en citent quelques exemples dans leur ouvrage : ils citent notamment des extraits de la Gazette *Les Grimaces* datant du 13 octobre 1883 : ainsi, une œuvre introduit « des filets de harengs saurs », une autre « de vrais pavés, de vraies pelles, de vraies pioches[14] », mais aussi par exemple, en 1884, « un tuyau de poêle, un journal, des cheveux, des moustaches, une robe de danseuse sur un balai, des harengs, un chou frais (régulièrement renouvelé), des plumes d'oie, un encrier[15]... ». L'objet incongru met ainsi un pied dans l'histoire des formes dès le XIXème qui, notamment – avec l'arrivée de la photographie et les toiles de Cézanne – indique déjà peut-être une mise à distance de la peinture d'illusion et/ou réaliste que le contexte de l'époque vient aussi fragiliser, bousculer ou chahuter.

Mais l'objet des Incohérents n'est que jeu et ne souhaite pas s'inscrire dans la postérité, il n'implique pas non plus de prise de position politique, ni de regard sur l'histoire, ni de colère.

Une nouvelle manière de penser, de concevoir et d'appréhender l'objet a été accompagnée et favorisée par la colère dadaïste ; ce fracas d'ordre poétique, esthétique, politique, dans le contexte de 14-18, fit événement et le bouleversement définitionnel qui lui est attaché, n'a cessé depuis, d'influencer la façon dont on peut concevoir les formes : l'emportement Dada substitua aux formes convenues une appréhension fracturée, décalée, plurielle de l'objet d'art – et de l'objet en tant que tel – qui se veut désormais en position d'équilibriste sur le fil pluriel de la possibilité des signifiants. L'avènement dadaïste fut en cela un renversement total qui appela à

---

[12] Denys Riout et Daniel Grojnowski, *Les Arts incohérents et le rire dans les arts plastiques*, Paris, Corti, 2015, pp. 127-167.
[13] *Idem.*
[14] *Ibidem,* p.104.
[15] *Ibidem,* p.157.

faire voler en éclat toute logique coercitive de l'expressivité, de la représentation, du canon, de la norme et de la pensée même de l'art.

L'objet Dada, d'une certaine manière, traduit l'éclatement d'une perte de repère plurifactorielle réinvestie dans un élan vital libérateur où le rire (moqueur, rebelle, affranchi, festif, philosophique) s'épanouit : ce rire se voit parfois entremêlé à une posture existentielle, atteignant une dimension ontologique mais aussi, comme nous l'avons dit, à un malaise général de la civilisation, à la violence de la guerre, à une surtechnologie qu'a introduit la fin du XIXème siècle, qui embrase et/ou déboussole les consciences... Laurent Chollet, dans son ouvrage intitulé *L'insurrection situationniste* note ceci : « Debord estime en 1957, que Dada a joué un rôle historique en « sapant la conception traditionnelle de la culture » pour poser les bases d'une première tentative de « dépassement de l'art ».[16] Or, cette poésie, toujours en présence dans nombre d'objets de la fin du XXème et du début du XXIème siècle en lien à la violence, induit une posture de l'absurde, de la fête, d'un renouement avec le carnaval, lieu du rire et du travestissement qui se ressent, se transmet, se répand, se dissémine dans les productions plastiques elles-mêmes, dans la façon de penser, de montrer, de faire, d'imaginer l'objet qui renouvelle la notion d'expérience de l'œuvre. (Rappelons que Momus appelé aussi Momos est le dieu du rire, de la raillerie et qu'il est symbolisé par un personnage qui tient une marotte et un masque à la main, le masque étant l'un des symboles de la fête carnavalesque).

Dans *Jésus-Christ rastaquouère*, Picabia rend compte avec créativité et insolence, cynisme et comique, de l'esprit Dada et donne à son lecteur l'injonction suivante :

> Ne travaillez pas, n'aimez pas, ne lisez pas, pensez à moi ; j'ai trouvé le rire nouveau qui donne le laissez-passer. Il n'y a rien à comprendre, vis pour ton plaisir, il n'y a rien, rien que la valeur que tu donneras toi-même à tout.[17]

C'est donc aussi dans le contexte d'une injonction à la pratique de la liberté et dans celui d'un dévoiement des valeurs établies que l'objet se voit peut-être renommé, créé, déconstruit, réenvisagé jusqu'à ce qu'il atteigne un réenchantement du quotidien ou sa

---

[16] Laurent Chollet, *L'insurrection situationniste*, Paris, Dagorno, 2000, p.25.
[17] Francis Picabia, *Jésus-Christ rastaquouère*, (1920), Paris, S. N., Collection DADA, p. 18.

destruction. Dans cette émulation émancipatrice plastique, politique, la création se voit connectée à une ambiance de cabaret, de fête et de carnaval (dont les débuts ont lieu à Zurich) et Dada donne lieu à la réalisation d'objets tels que ceux de Man Ray ou de Sophie Taeuber entre autres, où la subversion par le rire n'est jamais loin, voire omniprésente ; et l'on peut surement dire, que depuis Dada né en pleine en guerre, l'objet rit, se rit de lui-même, se rit du monde, de l'artiste et du regardeur-spectateur.

Depuis Dada, et particulièrement depuis les gestes artistiques de Duchamp, l'œuvre appelle notamment le regardeur-spectateur à considérer le regard comme un acte, et notamment un acte du regard, un acte d'écriture. Elle appelle sans doute aussi l'artiste à se moquer du monde (dans tous les sens du terme), mais aussi de l'art lui-même, de son histoire et du carcan culturel qui contribue à la favoriser mais aussi à la conditionner comme tout cadre amené à disparaitre ; nommer l'objet et lui distribuer un statut par une simple mise en jeu décidée par l'imaginaire, comme l'a fait Duchamp avec des objets manufacturés (dont sa *Fontaine*), c'est peut-être aussi se départir ou tenter de se départir du « malaise dans la culture et/ou de la civilisation » – (notamment traité, analysé, nommé – différemment – par Nietzsche, Freud, Adorno, Arendt, Kristeva, Butler).

Le *ready-made* a, par exemple, inscrit une possibilité de désaliénation du regardeur, de l'artiste et de l'objet lui-même ; une désaliénation opérant à plusieurs niveaux, qui induit une certaine distance quant au savoir-faire technique, quant à une culture où la notion d'identification du sujet, de la chose, de leur contextualisation s'avère en crise, sclérosée par des codes dominants d'appréhension de soi, de l'Autre, du monde et de ses possibles ; le *ready-made* et le dadaïsme dans son ensemble convoquent ainsi une redistribution du statut de l'objet fait poétique et invite aussi à une pratique et un exercice intérieur de la liberté.

De même le *ready-made* assisté et la trouvaille ont ainsi redistribué des modes de regard et de construction esthétique du rire. Faire et présenter des objets pourrait sembler aujourd'hui, relever du déjà vu ; or, ce qui se passe aujourd'hui montre bien que d'une part, les artistes dont les productions sont en lien à la violence de l'Histoire héritent par endroit des influences du dadaïsme, ou du surréalisme (ou même de l'élan esthétique brechtien lui-même influencé par dada et le surréalisme), d'autre part, que tout en ayant bénéficié de cet éclatement des définitions de l'œuvre et des catégories esthétiques du rire et de cette ouverture vers une expressivité de tous les possibles – ceci sur le plan formel et plastique mais aussi sur le plan mental, idéologique et psychologique – ils en font aussi autre chose…

Si le dadaïsme continue d'une certaine manière de résonner dans les objets d'aujourd'hui notamment ceux qui sont relatifs à la violence de l'Histoire, le surréalisme fait partie des révolutions intellectuelles, théoriques et esthétiques qui ne sont pas sans imprégner les artistes d'aujourd'hui se confrontant à l'expressivité plastique de « l'inouï de l'Histoire » par la réalisation d'objets risibles ou convoquant d'une manière ou d'une autre, dans leurs objets, une mise en jeu par le rire.

Suite (et aussi parallèlement) au dadaïsme, l'autre rupture esthétique d'ampleur touchant au rire et à l'objet « fait œuvre » fut le surréalisme qui s'est manifesté comme une véritable déflagration esthétique et littéraire. La découverte de l'inconscient notamment, pousse Breton à écrire le *Manifeste du surréalisme*, à réaliser son *Anthologie de l'humour noir*. L'écriture et la création automatiques révolutionnent fondamentalement les pratiques. Breton souhaite faire surgir dans la réalité l'objet des rêves ; il propose, en 1924 :

> la fabrication et la mise en circulation d'objets apparus en rêve, prêt à attendre de la multiplication de tels objets une dépréciation de ceux dont l'utilité convenue (contestable) encombre le réel.[18]

Nombre d'artistes ne sont pas en reste de cette influence majeure : Dali, Magritte, Bellmer, Oppenheim pour ne citer qu'eux, déploieront une expressivité qui balisera un nouveau champ des possibles de l'imaginaire, de la pensée, de l'expression plastique, du rendu sensible et onirique des objets, de leur accueil d'une potentialité inconsciente où le rire/le risible vient s'insinuer, s'introduire, s'installer notamment par une mise en collision du symbole, du retournement, de l'inversion, proposant une autre manière d'exprimer et d'explorer le réel dans sa déformation, provoquant un hiatus entre le rêve et la rationalité, mais aussi une certaine violence de la sensation enveloppée d'humour. Le rire surréaliste ou le risible provoqué par l'entreprise surréaliste semble alors lâcher une

---

[18] Marie J. A. Colombet, *L'humour objectif : Roussel, Duchamp, « sous le capot », L'objectivation du surréalisme*, Editions Publibook Université, Collection Art histoire de l'art, 2014, p. 433.

expressivité pulsionnelle du symptôme, une charge dont la cible n'est plus l'autre en tant qu'ennemi – comme c'est souvent le cas dans certaines caricatures qui affrontent directement leur cible – mais qui semble plutôt atteindre en quelque sorte un « ennemi intérieur », ainsi que l'étrangeté du réel dans sa manifestation, laquelle touche à l'Histoire, la culture, l'art et l'intime.

Ainsi, le rire surréaliste semble s'épanouir dans une certaine nuance ; il existe toujours un duel, mais celui-ci trouve son accomplissement dans un autre type de libération où l'image et la forme sont peut-être des catalyseurs pulsionnels. Le rire qui appartient à un bagage psychique profond, dense et large, et qui joue avec l'interdit et le tabou, n'est ni réfréné, ni refoulé, ni interdit, ni plus virulent, il semble modifier sa nature, changer son fusil d'épaule ; tout en souhaitant également renouer avec la matière ; Breton écrit :

> La création des objets surréalistes répond à la nécessité de fonder une véritable physique de la poésie.[19]

Et aujourd'hui ? Qu'en est-il ? Les artistes des années 90 à nos jours, notamment ceux qui nous intéressent pour la présente analyse en lien avec la monstration ou l'expressivité de la violence de l'Histoire, héritent de cet attirail de réflexion, de pensée, de rapport au monde, un ensemble vaste qui a changé l'approche des fondements de l'esthétique, les modalités d'inscriptions formelles du rire et qu'ont installés les dadaïstes et les surréalistes dans les pratiques de l'art et de sa réception.

Pour autant, les artistes contemporains, des années 90 à aujourd'hui, ne répètent pas uniquement ce qui a été fait ; le rire de l'objet contemporain ne s'inscrit peut-être pas dans la légèreté récréative des Incohérents et autres groupes d'artistes du même type ; le rire de l'objet contemporain face à la violence de l'Histoire n'a, par exemple, peut-être pas l'ambition de faire *tabula rasa* avec l'art comme les dadaïstes ; de même qu'il ne cherche pas exclusivement à retranscrire, « le fonctionnement réel de la pensée », sous la « dictée de la pensée, en l'absence de tout contrôle exercé par la raison, en dehors de toute préoccupation esthétique ou morale »[20].

---

[19] *Idem.*
[20] Adam Biron et René Passeron, *Dictionnaire général du surréalisme et de ses environs*, Fribourg, Office du livre, p. 388.

Le rire de l'objet des artistes d'aujourd'hui est sans doute influencé ou habité de l'esprit des Incohérents, de Dada, du Surréalisme ; mais il injecte aussi autre chose dans la forme. Il semble ne pas renoncer à sa force rhétorique qui inscrit une résistance, un propos dialectique, un engagement, une énergie mobilisatrice, satirique ou railleuse, tout autant qu'il fait place au manque qu'induit le *Witz*, à un creux, à un vide, à un indécidable, à une opacité poétique ou à une libération cathartique…

Cependant, cette énergie railleuse, cette dimension critique que l'on retrouve par exemple dans *Jésus-Christ Rastaquouère* de Picabia, semble toujours en vigueur dans le rire de l'objet aujourd'hui ; au-delà de l'opposition dichotomique entre art et politique, poésie ou engagement, le rire de l'objet réunit prise de position et créativité, engagement et imagination, témoignant de la vitalité de la création qui habite les multiplicités, les mémoires, les histoires.

A présent que nous avons effectué ces quelques rappels historiques et contextuels, entrons dans le vif du sujet, avec nos analyses d'œuvres.

2ème moment

Réintégrer le banal & le quotidien

Chapitre 3

Objet, rire & violence

Un rire satirique

« Réintégrer le banal et le quotidien »[21] comme le formule Jacques Le Goff, c'est ce à quoi procèdent avec humour nombre d'artistes dont l'objet singularisé émet ou engage des jeux de puissances et de signes face à la violence de l'Histoire. Dans cette optique, l'objet peut se faire outil critique et satirique par lesquels se véhiculent et se marient le ludique et la pensée ; or, comme le formule Deleuze, « qu'est-ce qu'une pensée qui ne fait mal à personne, ni à celui qui pense, ni aux autres ?[22] ». Et comment les notions de quotidien, d'objet, de critique peuvent-ils se conjuguer ? La caricature n'est-elle pas le siège du satirique ? Comment l'objet peut-il œuvrer à caricaturer, charger, critiquer, mettre en regard la violence ou le phénomène de sa représentation ? Comment la satire vient-elle distancer la violence, condenser sa critique, carnavaliser la monstration ? L'analyse d'œuvres nous aidera ici à répondre à ces questionnements.

En réalité c'est peu à peu que la caricature s'est dotée d'une capacité mordante, critique et satirique. La caricature, non pas grotesque et antique au sens où en parle Champfleury mais plutôt

---

[21] Le Goff Jacques. « Une enquête sur le rire ». *In:* Annales. Histoire, Sciences Sociales. 52ᵉ année, N. 3, 1997. pp. 449-455.
[22] Gilles Deleuze *in* : Jean-Claude Dumoncel, *Deleuze et l'humour,* éd. électronique, Ed. M-Editer, p.11.

celle héritée de la distorsion du réalisme et qui apparait au XVIème siècle a vu s'épanouir dans le champ de sa diversité technique et graphique et de ses modalités d'usage, la fonction de charge ; la caricature, pour rappel, venant de l'italien *caricatura* qui signifie « charger ». Si la caricature, qui n'est initialement pas à visée spécialement politique, peut alors connaitre un épanouissement du déploiement satirique, la satire en tant que telle est plus ancienne ; elle date de l'Antiquité. Selon le Littré[23] le terme satire vient du latin *satira* ou *satura*, qui désigne initialement un plat composé de différents mets ; le terme vient de *satur*, qui signifie farci ou rassasié[24]. Le Littré indique également qu'à Rome, se pratiquait un type de pièce dramatique composé d'un mélange de musique, paroles, danse ; « d'où le nom de *satira* ou *satura*, proprement farcissure ; cette satire ne se développa pas ; mais le nom resta et passa à la satire proprement dite, qui fut inaugurée par Lucilius »[25].

La satire, tout comme dans la littérature et les arts scéniques, investit alors, et massivement à La Renaissance, le champ de l'image caricaturale dont l'objectif est d'opérer une dégradation des portraiturés, notamment des figures politiques au pouvoir. L'usage de l'objet dans l'art contemporain propre au satirique développe d'autres modes de dégradation et de rabaissement que ceux élaborés par la caricature au fil des siècles. La caricature et l'objet entretiennent certes des procédés similaires tels que par exemple l'hyperbole, l'euphémisme, le renversement, mais agrandir la proportion d'un nez sur un visage réalisé sur un support bidimensionnel ne relève pas de l'agrandissement ou de l'exagération de la taille d'un objet dans l'espace : l'imaginaire, le corps, la capacité perceptive du spectateur-regardeur ne sont pas face aux mêmes types de dispositifs plastiques, les sensibilités visuelles, psychiques, mentales sont différemment appelées.

Par ailleurs, même si l'objet, tout comme la caricature, répète le réel, et travaille à la réactivation d'un même, l'objet comprend des spécificités satiriques qui lui sont propres et son agencement, les moyens, le mode de cet agencement font partie de ses outils particuliers : ils permettent d'élaborer une charge qui prend d'autres

---

[23] Le littré en ligne : https://www.littre.org/definition/satire
[24] Le Littré : « Compare la racine *sat*, qui est dans *satur* et dans *satis*, avec le goth. *sath*, allem. *satt*, rassasié, et l'homérique ἄδην, assez. »
[25] *Idem.*

chemins, de construire un effet satirique où le polysémique et l'indécidable sont autrement conviés. La caricature ainsi que l'objet détourné ou transformé ou inventé peuvent jouer de la condensation, de la synthèse, du montage ou de l'agencement hétérogène, mais encore une fois, un objet scénographié ou agencé dans un espace donné ainsi que le choix de l'agencement construisent la spécificité plastique de l'objet dans sa potentialité satirique. Si la caricature 'répète un même' en reproduisant un modèle qu'elle déforme par l'enlaidissement physiologique, l'objet, quant à lui, s'appuie sur des moyens qui invitent aussi la notion d'agencement, la matière, le matériau dans sa dimension concrète pour contribuer à fabriquer le risible esthétiquement.

La collection : un mode d'esthétisation de la satire

Cette pluralité de sens où le satirique s'invite dans l'objet se retrouve chez Martin Parr. Surtout connu pour ses photographies dans lesquels résonne 'un rire en coin' tangible, Martin Parr s'est aussi penché sur les objets qu'il collectionne et dont nombre d'entre eux furent exposés au Jeu de Paume[26] à Paris en 2009. Ces objets sont de toutes sortes. Bien que l'artiste affirme : « [j]e ne fais pas dans le kitsch [ces choses], je les trouve belles »[27], il parait difficile de n'établir aucun lien avec le kitsch. Assiettes à dorures, paquets de chips géants, petits chiens en porcelaine, accessoires exubérants, etc., la collection de Martin Parr reflète la vacuité de la surproduction d'objets manufacturés dans le monde contemporain. Cette collection reflète aussi les passages de l'artiste dans des lieux variés ; elles se font traces mémorielles, tout comme ses photographies qui relèvent d'ailleurs aussi de la collection comme le souligne l'artiste.

Un premier niveau de rire dans les objets de Martin Parr réside dans leur esthétique grossière, exagérée, stéréotypée, kitsch. Même si la plupart de ces objets ne sont pas censés être des objets réalisés dans un esprit de 'second degré', celui-ci, malgré tout, s'impose. Un autre niveau de fabrication du rire se retrouve dans la dimension sérielle, le rapport au temps de ces objets ; l'artiste déclare : « [a]vec le

---

[26] Commissariat assuré par Thomas Weski.
[27] Claire Guillot, « Ne dites pas à Martin Parr que les photos qu'il prend ou collectionne sont kitsch », Le Monde, le 02.07.2009.

temps, [les objets] prennent un autre sens [28] » ; même si cette évolution ne fait pas générer que du risible, elle contribue aussi à renforcer la charge d'absurdité que ceux-ci portent. En effet, nombre d'objets font référence à des moments historiques, tels que des élections de personnalités politiques, lesquelles sont mises à l'honneur ou signifiées dans les objets et avec le temps, la chute (ou la fin de règne) des uns et des autres, cet engouement pour les portraiturés semble encore plus désuet.

Un autre niveau de rire réside dans le fait que les objets, dans leur variété et leur extravagance, mettent toute chose et toute personne évoquée à un même niveau d'équivalence en termes de valeur symbolique : un petit chien de porcelaine, un paquet de chips géantes se fondent dans un même ensemble indifférencié et s'associent aux objets tournés vers la représentation du pouvoir : on peut ainsi apercevoir Saddam Hussein dont le portrait se voit décliné dans une collection de réveils ou de montres, Margaret Thatcher représentée sur des assiettes ou des tasses, ou encore Georges Bush, Barack Obama et bien d'autres dont le symbole se fond dans la force de superficialité de la société consumériste. L'ensemble figure un portrait du monde, un reflet indiciel de l'Histoire ; il fait écho au processus d'identification à ces images. Tous les objets de Martin Parr sont classés soit par types d'objets, soit par personnalités représentées. Il s'agit, en quelque sorte, de classer, d'ordonner le chaos. Martin Parr exprime lui-même cette idée en ces termes :

> En appliquant un ordre à l'univers chaotique qui est le nôtre, en regroupant les choses par catégories, puis dans un livre ou une exposition, je parviens à affirmer de façon plus cohérente ma relation au monde.[29]

Il y a donc quelque chose dans cette accumulation qui ne concerne que l'artiste et opère presque comme une *catharsis,* en tous les cas comme une action dont les effets semblent soutenir l'artiste dans sa capacité de résistance aux effets dévastateurs du chaos. Le spectateur-regardeur, de son côté, peut ressentir, par effet miroir, le même impact provoqué par ces accumulations que celui que ressent l'artiste.

---

[28] *Idem.*
[29] *Le Monde de Martin Parr : objets et cartes postales,* Traduction, Christophe Jaquet, Éditions Textuel, 2008, p. 28.

Mais ce que le spectateur-regardeur est aussi amené à percevoir, c'est la dimension satirique qui se dégage de ce travail de collecte et de mise en ordre. À la vacuité de l'objet s'ajoute la vacuité de l'image médiatique aspirée par le dispositif, celle de la chasse à la gloire pratiquée par les puissants. Mais, là encore, comme le mentionne l'artiste, le temps renforce cet effet comico-critique ; Martin Parr déclare :

> Beaucoup de ces objets sont en lien avec des personnes ou des événements qui renvoient à la gloire révolue d'époques et de lieux bien précis. Quand cette gloire s'enfonce dans le passé, l'objet prend une résonance nouvelle, et c'est ce phénomène qui est au cœur des collections présentées ici. [30]

Il ajoute :

> Peut-être vous demandez-vous ce qui rassemble vraiment toutes ces pièces en une seule et même collection. C'est à mes yeux une évidence : tous ces objets ont été mis au rebut après un événement, sensationnel ou non, tombé dans l'oubli, ou après que les personnalités auxquelles ils sont liés eurent disparu. Ce sont les spectres des manies humaines. [31]

Ce travail pluriel du rire esthétisé qui, d'une part, œuvre par l'accumulation ordonnée des objets-portraits des politiques, et qui, d'autre part, œuvre par le travail du temps, lequel provoque un effet ricochet du risible, procède d'une originalité dans la manière de générer une dynamique satirique par l'objet. Même si l'artiste part de ses nécessités personnelles, cette répétition de portraits travaille à une saturation de l'iconique, œuvre à un épuisement des affects inhérents à l'idole que devient la personnalité politique, elle révèle ces visages dans la vacuité de leur territoire d'occupation symbolique.

Les collections de Martin Parr activent ainsi un processus similaire aux œuvres de Warhol, à la différence que l'artiste ne change rien à l'œuvre, il ne fait que collecter des objets qu'il range, classe, expose ; c'est le temps surtout qui opère à faire croitre le potentiel effet risible des objets-portraits, tout autant qu'il œuvre à rendre démesurée l'importance quantitative des objets collectionnés,

---

[30] *Idem.*
[31] *Idem.*

réfléchissant ainsi la dimension infinie de la soif de pouvoir, la grandeur de l'égo des politiques dont le nom et le visage n'ont plus de réelle singularité, deviennent une forme de marque de fabrique. L'œuvre de Parr reflète aussi cette cristallisation d'une fascination presque libidinale (ici inversée) que peuvent avoir les sympathisants d'un parti, en faveur de telle ou telle personnalité publique, tel ou tel tyran, tel ou tel représentant politique apparaissant alors comme une figure de sauveur ; tel un Christ capable de distribuer le salut éternel à tout va, la figure médiatique de l'être de pouvoir entre, en étant à la fois banalisée par l'objet et sanctifiée par l'adhésion fascinatoire des uns et des autres, dans le quotidien de qui veut bien accepter se laisser charmer par le héros du moment, par une figure projective, une figure paternelle ou maternelle comblant une part manquante. L'objet, en cela, d'une part, se rit des acquéreurs qui prennent ces objets sérieusement, les sacralisent en quelque sorte, en les intégrant à l'espace de leur quotidien, et d'autre part, souligne la dimension intime et banale qui s'établit entre des individus lambda et leur mentor ici dissous par la répétition absurde de leur figuration ou de leur portrait. À tout cela s'ajoute la portée ironique de certains de ces objets du quotidien : ainsi les petites assiettes et les tasses de porcelaine où se voit représenté le visage de Thatcher semblent complètement casser son image de « dame de fer » autoritaire ; ainsi inscrite sur des éléments de vaisselle, son autoritarisme se voit quelque peu dilué dans la banalité de l'objet, dans la portée pratique de l'élément 'vaisselle'.

De même, les montres à l'effigie de Saddam Hussein, dans le contexte de cette collection qui fonctionne doublement sur le temps, deviennent comiques au regard d'une critique de la vanité du pouvoir : comme toute chose, celui-ci finit par disparaitre. Gloire et temps co-représentés inscrivent même un *memento mori* appliqué à la représentation du politique ou du monarque, un *memento* ramenant, par la force de l'ironie, l'homme puissant à son impuissance, à sa finitude, à sa condition humaine ; l'objet rabaisse ainsi la hiérarchie, dé-sanctifie le sanctifié, rappelle à une commune humanité, éradique la répartition dichotomique du monde, c'est-à-dire le eux/nous problématique que le portrait monarchique ou présidentiel tend initialement à entretenir pour conforter une image, assoir et entretenir un mode d'exercice du pouvoir ; car le dispositif carnavalise la solennité de l'apparat politique.

Objet-satire

Les objets collectés et rassemblés par Martin Parr, notamment relatifs à la représentation critique et satirique des figures de pouvoir, dialoguent avec une œuvre réalisée par l'artiste espagnol Eugenio Merino intitulée *Face Wash* réalisée en 2016. Le travail d'Eugenio Merino est particulièrement tourné vers l'Histoire et les réalités géopolitiques contemporaines ; il s'agit souvent, dans le travail de l'artiste, de questionner la représentation du pouvoir, la figure politique dans sa dimension quasi iconique, qu'il raille, qu'il détourne, qu'il rabaisse ou qu'il désacralise. L'humour noir, la raillerie et la dérision esthétisés dans le travail de Merino tiennent à des procédés récurrents de distanciation de la violence qu'il met régulièrement en jeu, suscitant un phénomène de perception qui éloigne le regardeur tout en l'approchant des réalités qui lui sont contemporaines. Parfois choquant, virulent, possiblement provocateur, l'artiste investit le champ d'une forme de rébellion par les formes, dessine une quête permanente de la subversivité politique, joue sur différentes tonalités humoristiques et transgressives tout en variant ses supports, ses matériaux, ses sujets.

Le dispositif de *Face Wash* présente des corrélations et des divergences d'avec l'œuvre de Martin Parr ; de même que ce dernier, Merino, avec *Face Wash*, rassemble des objets, principalement des assiettes sur lesquelles sont également peints des portraits de chefs d'État, des dirigeants ou des monarques. Mais tandis que l'œuvre de Martin Parr est extensible, évolutive et illimitée dans le temps – en effet Parr ne cesse d'enrichir sa collection alimentée régulièrement par ses nombreux voyages de par le monde – Merino, lui, agence une œuvre statique qui n'a pas vocation à connaitre une expansion et un travail du temps qui ébrèche l'image iconique de telle ou telle 'personnalité de pouvoir'. Par ailleurs, leur choix d'agencement est aux antipodes. Tandis que Parr réunit différents types d'objets qu'il dispose dans des installations ou qu'il agence dans des livres après les avoir photographiées, Merino regroupe, quant à lui, ces objets dans un autre objet qui n'est rien d'autre qu'un lave-vaisselle. Là aussi, il est question, à travers ce que l'on pourrait appeler un objet-satire, d'ordonner un chaos, de l'aligner, de le ranger pour, dans le même temps, éclater son ordre symbolique.

Il est ici également question de temps. Mais alors que les objets de Martin Parr tirent bien leurs effets et la variation de leurs effets à partir du temps qui accompagne le vieillissement de ces objets et de leur aura, ici, le lave-vaisselle suggère le cycle de temps, à travers l'idée du cycle de lavage, mais aussi à travers la présence de différentes générations de dirigeants au sourire écarlate. L'artiste met en scène le temps étiré des codes du pouvoir qui se répètent. L'objet charge les personnalités politiques au pouvoir qui sont, de génération en génération, régulièrement lavées de leur hypocrisie et de la corruption dont ils sont régulièrement coupables, ainsi que de leurs mensonges, de leurs choix criminels qui restent sensiblement les mêmes d'une période à une autre. Au-delà de leurs actions et des responsabilités qui leur incombent subsiste une image quasi sacrée, quasi iconique derrière laquelle nombre de dirigeants se cachent. Et si, comme le formule Adorno « [l]e charisme du Führer (…) s'est révélé n'être finalement que l'omniprésence de ses discours radiodiffusés [la] parodie diabolique de l'omniprésence de l'esprit divin »[32], la force de son influence s'est aussi tissée par la distribution massive de son image mise en scène et sacralisée par l'effet purement visuel, fictionnel et scénique construit par les images de propagande. Or, Merino rabaisse, dégrade, renverse, inverse la sacralité du dirigeant, notamment par la dimension prosaïque du lave-vaisselle et par la signification symbolique de son usage. En outre, si l'œuvre de Martin Parr se passe de titre pour fonctionner, l'œuvre de Eugenio Merino se voit renforcée dans sa portée satirique grâce à son titre.

Charger le visage du pouvoir

Face Wash montre également que les responsables politiques – qu'ils soient, démocrates, républicains, monarques, tyrans ou autres – adoptent la même posture, le même faciès stéréotypé, le même habitus, le même visage. Ce qui peut entrer en résonnance avec ce que Michel Ragon écrit :

> Ah ! la délicieuse malice du rire des petits garçons (et encore plus des petites filles). (…) Les tyrans ne rient jamais de ce rire-là. S'il leur

---

[32] Theodor Adorno et Max Horkheimer, *La dialectique de la raison*, Fragments philosophiques, (1944), Paris Gallimard, tell, 1983, p. 168.

arrive de rire, c'est le rire de l'ogre, le rire vorace de Staline, ou le rire hystérique de Hitler.[33]

Mais tandis que le tyran rit de son rire d'ogre, il n'a de cesse d'« attrister la vie »[34] – comme le formule Deleuze (d'après Spinoza). Et s'il existe un rire propre à l'ogre, il existe aussi un sourire propre à celui-ci et dont ce dernier en fait son langage en exhibant son visage sur tous les supports de communication médiatique. C'est aussi cette posture et cette surenchère que Martin Parr et Eugenio Merino mettent en exergue avec les objets qu'ils agencent. C'est avec le visage illuminé d'un large sourire satisfait, censé être rassurant, bienveillant, chaleureux que se rend le dirigeant, pareil à un Christ, vers ses disciples ; non pas un Christ souffrant, à l'agonie, crucifié mais un Christ surpuissant, omniscient et omniprésent, un héros capable de promettre tous les miracles. Valérie Morisson écrit :

> [l]e visage est (…) à la croisée de l'intime et du public : c'est à travers lui que se lit l'humanité de l'homme et qu'il s'individualise mais cette singularité n'existe que par l'Autre[35].

Or, précisément, cette singularité d'existence par l'Autre, le pouvoir et la représentation du pouvoir l'excluent. Car le sourire de séduction à sens unique exclut la possibilité d'existence réelle de l'Autre ; il est en effet le cœur du message propagandiste qui éclate, détruit, dénie l'altérité.

Le culte de la personnalité mais aussi la mise en scène du dirigeant contemporain ramené à un jeu de représentation sociale, induisent bien d'utiliser ce rire ou ce sourire du chef pour exclure la rencontre à l'autre, pour vendre du rêve qui en réalité fait exister l'Autre dans une virtualité projective qui le fait être objet. Ceci relève de la relation d'objet pensée par la psychanalyse (et que l'on abordera plus loin). Railler le dirigeant, le bureaucrate politique, voir même le bourreau, c'est aussi redevenir sujet, non pas au sens monarchique de

---

[33] Michel Ragon, « Rire », in : Hubert Nyssen et Sabine Wespieser (direction), *La dérision, le rire*, Paris, 1995, éditions Babel, Maison des cultures du monde, p. 11.
[34] Cours de Gilles Deleuze du 9 décembre 1980 ; en ligne : http://www2.univ-paris8.fr/deleuze/article.php3?id_article=137
[35] Valérie Morisson, « La déconstruction du discours politique de l'image : l'art irlandais *post*-nationaliste », Marges, N°9, 2009, p. 8-23.

l'emploi du terme bien sûr, mais au sens où être sujet c'est aussi montrer que l'on est en capacité de regard, de jugement et de pensée.

À un autre niveau de considération, railler le dirigeant, le dominant, le bourreau, c'est le dégrader, c'est opérer un rabaissement pour employer ces termes propres à la satire graphique, à la caricature, ou à la terminologie bakhtinienne ; mais c'est aussi, en réalité, faire vivre et faire résonner (à plus ou moins grande échelle), un dialogue avec ce dirigeant, ce tyran ou ce bourreau ; même s'il n'est pas question de les mettre sur le même plan, puisqu'une personnalité politique ou bureaucratique n'est pas nécessairement ni un bourreau ni un tyran ; mais chacun d'eux possède un pouvoir fort et particulier qui peut induire, selon ce qu'il en fait, de dégrader, justement, l'Autre, les autres, les populations, les peuples, les citoyens, les personnes alors non considérées comme telles.

Le pouvoir du bureaucrate-politique, du tyran ou du bourreau peut ainsi dégrader ou rabaisser l'Autre sur un plan symbolique, socio-économique ou physique ; en effet, le bureaucrate-politique délivre une honte symbolique aux autres : l'humiliation liée à la précarité, 'la honte du pauvre' est une dégradation violente de l'image de soi, elle peut avoir pour effet un dispositif d'anéantissement mental, symbolique, psychique, émotionnel qui enraye le processus même de l'individuation et abolit, petit à petit, politiquement, le sujet dans sa capacité à se mouvoir, vivre, s'épanouir, contribuer à la vie de la cité. À un autre niveau de pensée, le bourreau, quant à lui, dégrade sa victime sur un plan mental et physique. Il l'amène à la honte. C'est ce dont parle Serge Tisseron[36] dans son ouvrage sur la honte. Mais c'est aussi cette honte – destructrice et morbide – qu'évoque Primo Lévi dans *Si c'est un homme* ou *Les naufragés et les rescapés*, une honte qui l'aura conduit à penser un paradigme philosophique plus que très sombre par lequel il voit chaque être humain comme étant le Caïn de son propre frère, une honte qui l'aura amené à entendre la condition humaine comme le lieu même de la honte, une honte enfin, qui probablement l'aura profondément détruit. En réalité, c'est aux responsables, quels qu'ils soient et quel que soit leur niveau de crime, de ressentir de la honte, mais le dirigeant, souvent, ou le criminel dirigeant, défait tout cadre mental permettant à la honte de le pénétrer.

---

[36] Serge Tisseron, *Du bon usage de la honte*, Paris, Ramsay, 1998.

La satire et son 'acte de charge' permettent de rétablir un cadre des valeurs, renvoyant au dirigeant, en miroir, ce socle symbolique des règles et des valeurs où l'humanité peut s'ériger. La satire du dirigeant, ou plutôt le fait de railler le dirigeant (le tyran ou le bourreau) ramène celui-ci sur terre, au sol de la réalité, elle l'invite 'à atterrir', elle le déloge de la sphère aérienne et fantasmagorique où il abrite l'idée (ou la certitude) de sa super puissance et de sa supériorité. En ce sens, l'objet prosaïque est pertinent, tout autant que le banal et le quotidien qui cassent « le mythe ». La satire est salvatrice parce qu'elle tente de renvoyer, 'à qui de droit', l'humiliation, la honte, le ridicule ; elle vient renverser, possiblement, dans la logique de l'inversion carnavalesque, l'effet infiniment destructeur de l'opprobre répandu injustement sur les victimes. Évidemment, la satire ne fait pas de miracle mais elle impose un contre-pouvoir, une résistance, une tentative de déviation de l'abus de pouvoir et ses conséquences symboliques psychiques et politiques. Si, la plupart du temps, le ridicule ne tue pas, comme le dit l'adage, on peut aussi penser à cette phrase de Nietzsche qui dit que « [l]'on tue par le rire »[37]. La satire permet en effet, petit à petit, de tuer le verni fantasmatique du responsable-dominant.

Notre objet en présence montre, de façon évidente et concrète, ce rire/sourire du dirigeant. L'œuvre fait en effet allusion à ce type de photographies ou de peintures représentant le tyran ou le chef riant ; celui-ci établit alors, ou tente d'établir, paradoxalement, une connivence avec le regardeur. Le visage du puissant, « tout sourire, tout fleur », étant alors le moyen d'atteindre ses fins (convaincre), tout comme il est la fin elle-même : la satisfaction, sa joie et son bonheur personnel. Ce qui nous ramène à la définition de la violence d'après Kant mentionnant la passion du chef comme cause de la mise en œuvre de la violence. Kant, d'ailleurs, souligne la nécessité de 'surveillance' du chef ou du responsable par des instances de contrôle. Or, le visage satisfait du pouvoir qui rit de ses dents ouvertes comme une morsure cachée incarne, de façon disproductive, le contrôle.

Le philosophe Giorgio Agamben soulève cette question du visage en ces termes – dans son texte intitulé « Le visage » ; il écrit :

---

[37] Friedrich Nietzsche, *Ainsi parlait Zarathoustra*, in : *Œuvres complètes*, Paris, Flammarion, Milles et une pages, traduction : Patrick Wolting, 2011.

> La vérité, le visage, l'exposition sont aujourd'hui les objets d'une guerre civile planétaire dont le champ de bataille est la vie sociale tout entière, dont les troupes d'assaut sont les médias et les victimes tous les peuples de la terre. Politiques, médiacrates et publicitaires (...) essaient de transformer [le visage] en un secret misérable dont il faut à tout prix assurer le contrôle.[38]

Il ajoute :

> Le pouvoir des États n'est plus aujourd'hui fondé sur le monopole de l'usage légitime de la violence, (...) mais, avant tout, sur le contrôle de l'apparence (de la doxa). [39]

Il poursuit :

> La constitution de la politique en une sphère autonome va de pair avec la séparation du visage dans un monde du spectacle où la communication humaine est séparée d'elle-même. L'exposition se transforme ainsi en une valeur qui se concentre à travers les images et les médias et sur la gestion de laquelle veille jalousement une nouvelle classe de bureaucrates.[40]

En d'autres termes, d'après Agamben, les responsables politiques exercent donc, si ce n'est le même métier, la même opération de prospection que les publicitaires. C'est-à-dire qu'ils se vendent comme des produits marketing. Deuxièmement, la violence et l'exercice de la violence des états s'appuient sur un jeu des apparences ; ce qui nous renvoie à la violence pensée par Butler reliée « aux conditions de l'apparaitre ». Mais si pour Butler la différence, l'habitus, l'apparence de l'Autre amène ou suffit souvent à provoquer la faisabilité de son éradication ou de sa dégradation symbolique et physique, pour Agamben « le contrôle de l'apparence » du chef, en l'occurrence le contrôle de l'apparence du visage du dirigeant appuie, soutient, voire fonde, la légitimité publique de ses choix criminels vis-à-vis de l'Autre (quel que soit cet autre, et en l'occurrence cet Autre qui n'est pas au pouvoir ou n'a pas le pouvoir). Or, Martin Parr et

---

[38] Giorgio Agamben, *Moyens sans fins, Notes sur la politiques*, « Le visage » (1995), Paris, Rivages, 2002, pp. 107-108.
[39] *Idem.*
[40] *Idem.*

Eugenio Merino, à travers l'accumulation de ces images clichées mettant en exergue cette mise en scène du visage, mettent ironiquement le doigt sur une violence, celle de l'image même, l'image propagandiste, laquelle manipule, comme l'analyse Agamben, en évacuant du visage toute vérité et toute communication humaine : mécanique du faciès, mécanique du mensonge étant les deux faces d'une même stratégie médiatique du pouvoir.

Face Wash, par ailleurs, semble bien ironiquement rapprocher cette façade stratégique du visage souriant de l'idée de crime dont les dirigeants sont, la plupart du temps, lavés sans trop de problèmes, sas honte justement, tandis que la honte est réservée à ceux sur qui s'assoie le pouvoir. Les assiettes figurant dans *Face Wash* évoquent d'ailleurs comme une collection de masques derrière lesquels se cache un unique spectre : le même avatar qui se répète dans le grand carnaval du pouvoir. Mais l'œuvre, dans son dispositif, en exacerbant la représentation de ces faciès d'arlequin joyeux, opère le geste de démasquer le masque, rappelant subtilement que derrière le visage du carnaval se cachent les jeux sempiternels de la danse macabre des pouvoirs.

La dimension satirique des objets de Martin Parr et d'Eugenio Merino relève sans doute du portrait-charge et de la caricature, ceci, au regard de la façon dont Michel Foucault est amené à parler de ces deux termes ; dans un texte intitulé « Les têtes de la politique », le philosophe en donne une définition. Il s'applique uniquement à parler de dessin. Non pas d'objets disposés et agencés de telle ou telle manière dans un espace donné. Mais ce que le philosophe évoque peut s'appliquer aux travaux de Martin Parr et d'Eugenio Merino. Foucault écrit :

> tous les monarques du monde [ont] plus ou moins perdu la tête pendant la Révolution. (…) Naît [alors] la foule des figures politiques.[41]

Il ajoute que les médias audiovisuels « ont démultiplié à nouveau la présence physique de l'homme politique : raison, sans doute, pour laquelle le portrait-charge est redevenu nécessaire.[42] »

---

[41] Michel Foucault, *Dits et écrits*, « Les têtes de la politiques », 1976, pp. 9-13.
[42] *Idem*

Le philosophe distingue caricature et portrait-charge qui cependant peuvent aussi associer leurs particularités au sein d'une même œuvre. Pour Foucault, la caricature vide le visage[43] tandis que la charge « fais le vide autour du visage », « dérobe tout l'extérieur[44] », « gomme les situations[45] », « esquive les partenaires[46] ». Or, les accumulations de Martin Parr et Eugenio Merino semblent accomplir ces deux actions consistant à installer un vide dans le visage et hors de lui : car les accumulations opèrent dans les deux œuvres le vide du visage ; plus précisément, elles creusent un vide dans un vide déjà là. Tout autant qu'elles créent un vide autour du visage puisqu'elles ne le ramènent à aucun ancrage situationnel, événementiel ou contextuel. Enfermé dans une collection ordonnée, agencé d'une manière classifiante pour Martin Parr ou signifiante pour Eugenio Merino, le visage du dirigeant passe du corps objetisant au corps objetisé. Il est à son tour réifié, désacralisé, neutralisé par la force ironique de l'agencement des objets traduisant un regard critique.

Agencement, matériau & titre

C'est également une forme de critique qui s'échappe de l'ironie de l'objet chez Erik Dietman. Dietman est un artiste suédois influencé par le dadaïsme et le surréalisme, ainsi que par l'artiste Öyvind Fahlström, l'auteur du *Manifeste pour une poésie concrète*[47] ; ce manifeste se focalise sur le matériau, la dimension matérielle et immédiatement sensible des choses, dont les objets. Il est alors question de mettre sur un même axe équationnel la poésie qui dit et celle qui montre. Il s'agit ainsi de travailler la plasticité des matières, des mots, des choses, afin de faire retentir une poésie ressentie comme « structure *concrète*. [48] »

---

[43] *Idem*
[44] *Idem*
[45] *Idem*
[46] *Idem*
[47] Öyvind Fahlström: *Hätila ragulpr på fåtskliaben: Manifest för konkret poesi*. In : *Odyssé*, Nr. 3-4, 1954.
[48] *Idem*.
Voir :
http://archives.mamco.ch/expositions/fichiers/About_Concrete_Poetry.html

Ce désir – notamment inspiré par Mallarmé – de distordre le matériau langagier, le verbe, les choses donne naissance à des calligrammes, des calembours, des jeux de mots. Cette influence se ressent fortement chez Dietman qui a développé un humour de l'objet qui forme et déforme, joue, inverse, distord. Dietman est connu pour ses contrepèteries, son humour ; il est influencé par Joyce mais aussi par Rabelais dont il se réclame et auquel il rend hommage dans son travail artistique. Il déclare :

> Pour moi, c'est le monde qui est une sculpture, et dans le monde il y a les mots qui sont insuffisants et que j'aide à ma façon en leur fabriquant des objets.[49]

Tout comme Martin Parr et Eugenio Merino, avec son œuvre[50] intitulée *Le Général*, Dietman évoque la question du temps et de la vanité : temps du pouvoir qui finit par s'achever, temps du matériau de l'œuvre qui s'use. Nous ne sommes pas très loin des motifs de James Ensor qui lui aussi à sa façon joue avec le temps…

Le Général s'inscrit aussi précisément dans le jeu du *Witz* tel qu'on a pu le définir en amont. Car l'œuvre ramène de façon plurielle à des hétérogénéités qui s'entrechoquent, des éléments antagonistes qui, associés ensemble, créent une image loufoque, drôle, ironique, critique : s'y confondent les oppositions objet/visage, inertie/vivant. *Le Général* est en effet un objet qui donne lieu à une collusion d'éléments divergents scindés au sein d'un même agencement dont l'effet est immédiat : rapide, clair, net, il fonctionne bien à la vitesse du *Witz*, comparable au *Blitz*, à l'éclair comme l'exprime Marie-José Mondzain[51]. C'est avec immédiateté qu'il est perçu. Le *Général* par ailleurs, n'a plus rien d'un général car la charge, comme on l'a vu avec la définition de Michel Foucault opère un vide du visage et ce vide creuse ici tellement loin dans l'abîme de la façade sociale et politique qu'il lui en arrache la peau jusqu'à ne lui laisser que son squelette. Le visage est plus qu'émacié et vidé il est saisi dans sa néantisation. Il est, tout comme le matériau qui le représente, c'est-à-dire le fer utilisé ici, amené à se dégrader avec le temps.

---

[49] *Erik Dietman*, Centre Georges Pompidou, musée national d'art moderne – centre de création industrielle, Paris, 15 juin-29 août 1994, p. 43.
[50] Matériaux : fonte de fer ; dim. : 105 x 140 x 110 cm.
[51] Marie-José Mondzain, conférence « Carnaval et sacré », Centre Pompidou, mai 2008, en ligne.

Là aussi, le *memento mori* est appliqué à la fonction militaire. Au rire de la fonction sociale, au rire de l'image médiatique, au rire de la puissance militaire se substitue le rire de la mort elle-même, trônant ironiquement comme la dernière relique des vanités liées au cérémoniel militaire. En outre, paradoxalement, alors que le visage-squelette-objet est agrandi (puisqu'il fait 1,40 m) par rapport à la taille normale d'une tête humaine, la notion de hiérarchie militaire est rabaissée. Le faciès humain est aussi déformé ; pas uniquement parce qu'il est creusé mais parce que le général représenté se scinde à la fois dans une théière et à la fois se voit muni d'un long nez, processus déformant utilisé traditionnellement par la caricature. La tête du général est aussi recouverte d'un couvercle qui se substitue ou bien qui fait office de képi militaire.

Enfin, l'objet représenté - une théière - évoque l'univers de la cuisine, de la maison : un espace confiné à l'opposé radical des grands espaces à conquérir par les généraux. La théière c'est aussi le rapport au thé, produit lié – tout comme le cacao ou le café – au passé colonial des grandes puissances. Mais ajoutons qu'à la différence des œuvres de Martin Parr ou d'Eugenio Merino, ce qui fait et guide exclusivement le sens et la dimension satirique c'est le titre de l'œuvre. *Face Wash* ne fait qu'orienter ou insister sur la portée de l'objet dont les ressorts satiriques sont déjà là, c'est-à-dire intrinsèques à l'objet, tandis que Dietman vide la substance sociale, creuse violemment la surface vivante, la peau, le visage. Sa dimension comique, même sans le titre, subsisterait du fait que la sculpture tangue entre l'humain et l'inhumain, l'objet/la tête, le rire/la mort, mais la visée critique du satirique ne surgit qu'avec la présence du titre comme indicateur et générateur de sens.

Toujours en lien à l'objet quotidien, à la critique de l'univers militaire et à l'usage du titre comme vecteur de sens, l'artiste indien Subodh Gupta entretient aussi un rapport au satirique ; ce terme qualifie d'autant bien son travail que le terme satire, pour rappel, signifie mélange, pot-pourri. Or, Subodh Gupta mélange les ustensiles pour, là aussi, figurer le visage humain. Ses agencements d'objets ne sont pas toujours habités de cette dynamique critique mais il utilise souvent, pour l'agencement de ses sculptures, d'une part, l'humour comme tonalité récurrente, d'autre part, des ustensiles de cuisine en fer, en métal ou en aluminium qui lui permettent d'esthétiser cet humour. Subodh Gupta réalise ainsi des sculptures d'assemblages de toutes sortes, pour la plupart monumentales, qui jouent avec les lieux, pouvant intégrer les espaces intérieurs des musées tout comme les espaces extérieurs dans lesquels il introduit de l'incongruité, du déplacement, du décalage. Dans un entretien mené par Caroline Gaudriault, Subodh Gupta déclare :

> L'art est un langage et me donne une voix. Comme je suis un témoin, je deviens alors en quelque sorte un porte-parole. Mais mes discours ne sont pas directs, ils passent par l'émotion, la poésie et l'humour ou parfois la dérision. [52]

L'artiste poursuit :

> Je n'ai pas envie d'être trop sérieux, tout en abordant des thèmes qui n'ont rien de drôle en soi. Nous vivons dans un monde dur, ou je parle de migration non choisie, de laissés pour compte, d'ustensiles du quotidien qui pour une majorité d'Indiens, n'ont aucune utilité car rien à mettre dedans...[53]

Il ajoute :

> Il y a tellement de pauvreté en Inde que cela est vite déprimant. L'humour a du sens quand il vient porter un discours ; il rend les choses regardables ; il évite la confrontation directe, choquante. Dénoncer la pauvreté, la montrer crûment finit par lasser car le regard ne peut pas tout accepter.[54]

Il conclut :

> Tenir les mêmes propos par l'intermédiaire de l'œuvre d'art devient acceptable. C'est ainsi que je réussis à m'adresser à des gens du monde entier qui autrement ne seraient peut-être pas sensibles à ces questionnements.[55]

Gandhi's three monkeys s'appuie bien sur cette distanciation nécessaire à l'œuvre[56] et au spectateur dont parle l'artiste.

---

[52] Subodh Gupta, *in* : Caroline Gaudriault, *Hypothèses*, Paris, Editions Paradox, 2011, p.183.
[53] *Idem.*
[54] *Idem.*
[55] *Idem*
[56] Matériaux : sculpture en bronze, ustensiles, fer.

L'installation consiste en la réalisation de trois sculptures placées côte à côte et qui renvoient à l'univers militaire ; trois sculptures de bronze sur socle massif sont recouvertes de casseroles, de couverts, de poêles et d'autres objets détournés de leur utilité ; ces ustensiles habillent chaque portrait respectivement d'un casque, d'une cagoule et d'un masque à gaz. Avec *Gandhi's three monkeys*, l'artiste joue avec le matériau prosaïque, utile, non noble ; l'objet se voit détourné de sa vocation initiale dans une accumulation qui joue avec la représentation : l'objet prosaïque sert un jeu ironique opéré dans son association contrastée avec le bronze dont la vocation épouse les exigences du canon réaliste et du classicisme de la sculpture de bronze. L'objet propre à l'univers de la cuisine rejoint l'hostilité du milieu militaire (ou guerrier) et les sculptures font que la solennité de l'apparat militaire vient à chavirer ; elle subit une dégradation, un rabaissement : premièrement, l'image idéalisée du héros militaire est rabaissée symboliquement car l'ustensile de cuisine la ramène au prosaïque, à la nourriture, au corps, au bas matériel, deuxièmement, la solennité de l'apparat militaire est rabaissée car les trois ports de tête sont littéralement ramenés au sol visuellement tandis qu'ils sont privés de corps. Il y a dans cette œuvre une portée carnavalesque venant déplacer et renverser le cliché de la sculpture commémorative. L'autre portée ironique propre à l'œuvre consiste donc en la dimension de ces têtes sans corps posées presque à même le sol et qui relèvent d'une forme de gigantisme : chaque tête équivaut presque à la taille moyenne d'un être humain, ce qui renforce l'effet de rabaissement de ces portraits antihéroïques.

L'amoncellement d'objets ramène aussi à l'habitude, au faire, au geste banal qui consiste à cuisiner et qui s'oppose à l'habitude et à la finalité militaire, aux faits et gestes guerriers. Par ailleurs, l'œuvre joue également avec la référence, tout comme le titre vient l'indiquer ; *Gandhi's three monkeys* : ces trois portraits renvoient à la métaphore des trois singes de la sagesse utilisée par Gandhi et qui incarne la représentation d'un triple principe pour accéder à la force intérieure et consistant à s'efforcer à ne pas voir le mal, ne pas l'entendre, ni le prononcer. Il figure bien sûr ici un humour ironique évident puisque les trois soldats en présence sont tout à fait équipés pour ne pas voir, ne pas entendre, ne pas dire, tandis que la finalité de leur rétention à la capacité à voir, entendre, dire ne vise pas l'absence de violence mais sa mise à exécution.

L'œuvre de Subodh Gupta évoque aussi possiblement la gravure d'Otto Dix intitulée *Assaut sous les gaz* et réalisée en 1924 ; œuvre où les masques à gaz sont représentés dans un double rapport d'angoisse et de distanciation ; le travail Subodh Gupta met d'ailleurs en évidence le fait qu'un peu moins d'un demi-siècle après la Grande Guerre, le motif reste prégnant, abonde dans les images, hante toujours autant l'écriture de l'Histoire et celle de l'art.

Le travail de Subodh Gupta peut, par ailleurs, entrer en dialogue avec une œuvre de Zoulikha Bouabdellah intitulée *Ni, Ni, Ni*, et réalisée en 2007. *Ni, Ni, Ni* est un triptyque qui réunit des photographies couleur, plus précisément trois autoportraits mis en jeu. Le titre est volontairement elliptique et force le spectateur à établir un lien, là aussi, avec la ligne de conduite philosophique relative aux trois singes de la sagesse. Une conduite philosophique montrée ici d'un point de vue critique. L'ellipse du titre insiste sur l'invisibilisation des violences, elle appuie sur la surdité des uns et des autres quant à ces violences et elle vient possiblement souligner que la vérité se voit passée sous silence. Dans ces images, l'artiste se représente tenant une passoire à couscous et illustrant, dans sa gestuelle, la métaphore des trois singes de la sagesse. Ici, l'objet photographié met en jeu le code classique du portrait. Il semble par ailleurs s'inscrire dans la logique de l'œuvre narrative où le passage d'une image à l'autre fait entendre une gradation ou une progression d'une même structure graphique qui se répète de gauche à droite et évolue. Le visage de l'artiste se cache et se révèle. L'objet prosaïque, qui relève de la vie quotidienne, renvoie, dans le contexte de l'œuvre et de la démarche de l'artiste, à la question de l'asservissement des femmes. Le portrait est loufoque et renvoie à une forme de ridicule ; l'image se fait aussi rhétorique. Reprenant un principe de sagesse revendiqué et pratiqué par la figure de Gandhi qui a marqué l'Histoire, Zoulikha Bouabdellah le renverse et l'applique à la petite histoire : celle de femmes anonymes cantonnées à la domesticité, prises dans des situations d'asservissement, d'exclusion ou de violence, dont le regard, la parole et l'écoute amputés désertent la vie sociale. Or, la violence est liée à la rétention des forces, des possibilités, des puissances psychiques. L'ironie de l'œuvre résonne fort de par la mise en scène d'un objet banal qui questionne le cloisonnement. On perçoit bien, en effet, que les trois photographies en présence n'illustrent pas une adéquation littérale au fameux principe de sagesse basée sur la métaphore des trois petits singes ; et l'on sent bien que l'artiste n'adhère pas à ce qu'elle met en scène et que sa posture crée du second degré en jouant avec les occurrences : celle du principe lui-même qui touche à une forme d'idéal philosophique et aspire à l'élévation humaine, celle de l'objet prosaïque, celle du portrait. Il y a, dans l'opération des trois images mises côte à côte, un travail de dégradation de l'élévation idéaliste bouddhiste renvoyée à se heurter au réel pragmatique de la condition des femmes. Bouabdellah joue, de plus, avec sa propre image : ce qui redouble l'ironie.

Par ailleurs, la photographie mettant en jeu cet ustensile n'aurait sans doute pas la même portée si l'objet choisi n'était pas une passoire qui permet, on le suppose, tout de même malgré tout, quelque peu d'entendre, de voir, de parler à travers les petits trous de la passoire. Il y a donc aussi là une ambivalence qui complexifie le triptyque ; c'est comme si l'objet disait : les femmes peuvent entendre, parler, voir mais organisons les choses comme si leur aptitude à entendre, parler, voir n'avait pas d'importance, pas de portée, pas de réalité. L'ironie en présence sert ici de levier à un état de conscience suscité : par le jeu d'un montage situationnel ludique et souligné par le titre même de l'œuvre, l'image se rit de l'objet ; de l'objet lui-même mais aussi du concept de « femme-objet » au sens large du terme dont l'histoire contemporaine n'a de cesse d'en rappeler l'intensité de la violence ; l'exemple de l'enlèvement des lycéennes de Chibok en avril 2014 par Boko Haram, en est un exemple criant.

Martin Parr, Eugenio Merino, Erik Dietman, Subodh Gupta, Zoulikha Bouabdellah s'emparent des objets fabriqués du quotidien, des objets souvent manufacturés, surproduits qu'ils mettent en jeu, qu'ils agencent, transforment ou mettent en forme. Avec des procédés différents, ils questionnent la violence du monde contemporain qui se répète au même rythme que l'inutile production des objets eux-mêmes. Ils répondent à la vacuité avec les objets de celle-ci. Ils proposent à leur façon, chacun singulièrement, un miroir inversé, celui du rire. Ils opèrent, avec des dispositifs ouverts, polysémiques ou ludiques, une charge satirique à l'encontre des codes, des symboles, de l'ordre militaire ou inégalitaire que le monde contemporain entretient. Mais ces artistes reflètent aussi le besoin, l'envie, la nécessité de l'avènement d'un autre monde. Raoul Hausman écrit, en 1921 :

> C'est dans cet espace entre deux mondes, au moment où nous n'avons pas encore rompu l'Ancien Monde et où ne nous sommes pas encore en mesure de donner forme à un monde nouveau, que

viennent se situer la satire, le grotesque, la caricature, le clown et la poupée.[57]

Il ajoute :

> ces formes d'expression ont pour but de révéler à quel point la vie est devenue mécanique, comparable à des marionnettes, l'engourdissement apparent et réel doit nous permettre de deviner et de sentir qu'il existe une autre vie.[58]

Or, le travail critique, satirique, de charge et de caricature mis en œuvre dans les objets du quotidien par nos artistes en présence – où la dimension mécanique du puissant en exercice de représentation et/ou de domination (du monarque, du tyran, du militaire, etc.) se voit mise en exergue et rabaissée – est bien en lien avec un espace mental de projection par lequel l'imaginaire renouvelle des puissances de vie et appelle le devenir d'un « Nouveau Monde ».

Martin Parr, Eugenio Merino, Erik Dietman, Subodh Gupta, Zoulikha Bouabdellah carnavalisent le banal pour rendre saillant les signaux de la violence, tout en prenant le soin de distancer celle-ci, et de renouveler la monstration, d'installer des points de fuite critiques. Leur rire par l'objet est un corps politique tendant à éclater le cadre ou bien la surface lisse de l'indifférence ; la répétition, dans leur travail ou d'une œuvre à l'autre, œuvre ainsi à un mouvement, anime une force critique, laquelle relève d'une force naturante, que le regardeur-spectateur peut, dans sa réceptivité, par effet miroir, activer, ressentir, produire…

Enfin, chaque dispositif s'empare singulièrement de l'objet banal standardisé, et il induit une reprise qui « rejoue un même » : le modèle politique, l'image du militaire, la référence à la sagesse de Gandhi, l'image de la femme assignée à un rôle et objetisée sont autant de représentations que le rire défait. Les œuvres opèrent ainsi une remise en jeu des modèles – ou des images figées ou mortifères – par l'agencement humoristique, en les déstructurant, les désanoblissant ou les satirisant, elles relancent un mouvement qui bouscule aussi l'identification du regardeur-spectateur et stimule une pensée critique.

---

[57] *Raoul Hausman*, in : *Ponthus Hulten, Paris-Berlin : (1900-1933)*, Paris, Editions du Centre Pompidou, (1978), 1992, p. 183.
[58] *Idem*.

Chapitre 4

Witz & carnavalisation

Les œuvres de Mona Hatoum

Toujours en lien à l'ustensile de cuisine, toujours relié à un mode critique carnavalesque, le travail de Mona Hatoum ne cesse de cristalliser dans l'ironie mordante de ses objets, des sensations synesthésiques où la violence se fait ressentir de façon tangible. L'œuvre de Mona Hatoum, souvent humoristique, ramène à la dimension concrète de la vie quotidienne, à sa matérialité, à sa perception sensible et corporelle. Car les objets quotidiens de l'artiste sont à entendre avec la perception de tout le corps : ce qui est brulant, tranchant, doux, confortable, glacial, dangereux dans les objets quotidiens de l'artiste parle d'abord au corps et contribue à faire l'esthétique du rire. C'est dans un rapport mimétique du corps à l'objet que se tisse un rapport identificatoire et une perception sensible de l'agencement dans lequel le rire s'inscrit. Car le quotidien des objets de Mona Hatoum est un quotidien qui s'amuse, joue à construire un ensemble de perceptions étranges, lesquelles, par effet de projection instantanée, brulent, coupent, tranchent, électrocutent. Là où il y a comique, c'est qu'il y a innocuité du spectacle et jeu permanent de la logique rationnelle du quotidien qui se voit perpétuellement distordue.

Conjurant le *pathos* par l'énergie ludique de mises en scène surprenantes, l'artiste ne dénie pour autant pas le réel historique habité par une violence infatigable. Cependant, sa puissance humoristique ramène toujours le regardeur-spectateur à l'autonomie de regard, à la construction ludique, à une forme de travail d'enquête ou de rapprochement des éléments à mener.

Le travail de Mona Hatoum, exposé à Pompidou en 2015 (exposition dont le commissariat fut assuré par Christine Van Assche), montrait bien la dimension fortement carnavalesque du travail de l'artiste qui ne cesse, en réalité de jouer, de créer une forme de fiasco dans et avec l'objet, une forme qui sème la zizanie dans une réorganisation perpétuelle du quotidien.

Les objets de Mona Hatoum sont carnavalesques parce qu'ils ne font que renverser le réel, ils ne font qu'inverser, déplacer la norme, jouer avec le cadre, distordre les sensations et les affects, mettre en jeu des blocs perceptifs contradictoires. Ils sont carnavalesques, aussi, au sens où Mondzain parle du carnavalesque[59] : c'est-à-dire que le fragment et le *Witz* en sont des éléments centraux, ils animent la forme, forgent le mouvement interne de l'objet. Or, les objets quotidiens de Mona Hatoum ne font que fragmenter le monde : ici se trouve la cuisine nous dit l'objet, mais il en manque un morceau, là se trouve la chambre, mais le lit est impraticable, là-bas se devine un salon mais il est impossible de s'y assoir, là-bas encore se trouve un placard à pharmacie mais il est empli de grenades : tout semble ainsi relever d'une sorte de *gag*, d'une mauvaise farce qui montre un monde bringuebalant, chancelant et où il en manque toujours un bout pour ça fonctionne ; ce manque est d'ailleurs en accord avec la définition du *Witz* selon Schlegel, pour qui le *Witz* alimente une sorte de vide ou de carence, de faille ou de lacune, adjointe à la dynamique de son mouvement et à la synthèse de sa condensation. À partir de ce sentiment de vide, qui, chez Hatoum, prend des allures assez récurrentes de dysfonctionnement permanent dans un quotidien fragmenté, se met en jeu la capacité du regardeur-spectateur à saisir la dimension concrète de la violence mais aussi sa dimension comique, c'est-à-dire, en réalité, absurde. Il y a ainsi l'idée, dans les objets de Hatoum que la violence fait son cirque, qu'elle fait défiler les espaces-temps fragmentés de l'incohérence du quotidien. Les objets de l'artiste dévoilent ainsi un « monde à l'envers » aux antipodes de l'harmonie et de la fonctionnalité où le spectateur-regardeur défile et fait défiler son regard, étant partie intégrante de la

---

[59] Marie-José Mondzain, conférence « Carnaval et blasphème », mai 2008, Centre Pompidou, en ligne.

mascarade. De même, le *Witz* est intrinsèquement relié au processus de fabrication de l'humour des objets de Mona Hatoum : chacun d'eux opérant une synthèse d'éléments disparates, une condensation de sensations contradictoires, une distorsion de la représentation qui met en exergue, avec esprit, un non-sens : celui de la violence qui envahit le banal, l'intime, la fragilité qui abritent toute vie humaine. Les objets quotidiens de Mona Hatoum renvoient à l'absurdité du monde dans son impossibilité car les objets usuels, censés être pratiques et au service d'un quotidien praticable rendent ce dernier, justement impossible et kafkaïen : dans l'univers ludique de Mona Hatoum le quotidien se retourne contre le regardeur-spectateur, il devient un champ d'énigmes tout autant qu'un champ de bataille pour la perception et chaque chose à voir est à saisir dans son aberration risible et sa sourde violence. Intéressons-nous à présent l'œuvre *No Way* qui représente un égouttoir ; mais c'est un ustensile de cuisine qui renvoie à une aberration ; un égouttoir sert, en temps normal, à trier, égoutter, laver les aliments que l'on s'apprête à consommer. Mais ici toute action rationnelle relative à l'acte simple de préparer ne serait-ce qu'un plat basique est rendu impossible. L'objet est ironique car il renvoie à un non-sens : il renvoie à une négation, opérant ainsi une tension dans toute tentative d'identifier ce qui est à voir ; mais de quoi cet objet serait-il, possiblement, la métaphore ? De l'impossibilité du quotidien aux prises avec les conflits sans doute. *No way*, c'est aussi peut-être, dû au titre, l'impossibilité du chemin, de la traversée, celle d'une frontière à une autre. C'est sans nul doute, en lien au titre notamment, mais à la façon dont est pensé l'objet, une œuvre ironique.

On retrouve chez Flaubert, comme on l'a déjà précisé avant, un mode ironique tapi dans le langage, abrité dans le vaste tissu des subtilités de la description des lieux, celle de la narration et des prises de paroles des personnages. Tout ceci laisse entrevoir un regard propre à celui qui crée. Alain Vaillant analyse, chez Flaubert, ce mode d'inscription ironique qui construit son humour ; il dénomme cette esthétique : ironie lyrique. Comme il y a « corps à corps empathique [de l'artiste] avec le réel[60] » « l'ironie lui est indispensable[61] » ; c'est en cela aussi qu'il y a lyrisme. Mais ce lyrisme relève de l'expression de l'intime de l'artiste lui-même. De même, chez Mona Hatoum, le

---

[60] Alain Vaillant, *Esthétique du rire*, Presses universitaires de Paris Ouest, 2012, p. 303.
[61] *Idem*.

matériau décalé, hybridé, répété construit un langage visuel et formel où s'épanouit une ironie aspirée par le dispositif, la matière, la forme disposée dans une scénographie créant un non-sens et jouant l'incohérence ; une incohérence à travers laquelle, cependant, se fait entendre une voix, celle de l'artiste. Il s'agit de cette « présence latente[62] » de l'auteur dont Alain Vaillant parle à propos de Flaubert et que son langage trahit certes, mais aussi ses lettres, ses écrits dans lesquels Flaubert parle de ce qu'il écrit, comment, pourquoi, décrivant ce qu'il ressent, parlant de ses émotions, de son désarroi, de son ambition littéraire, de ses nécessités plastiques. Or, les éléments biographiques de Mona Hatoum et diverses interviews permettent parfois de faire des rapprochements avec des éléments d'œuvres où se croisent justement cette manifestation d'un lyrisme ironique, la recherche plastique elle-même, le lien à l'expressivité des violences que le corps du regardeur-spectateur est invité à ressentir. Pour Vaillant toujours :

> toutes les œuvres majeures de la modernité ont intégré l'ironie à leur poétique.[63]

Le théoricien dégage l'idée que l'ironiste suprême qui marque ou annonce le tournant *post*-moderne est celui de Mallarmé dont l'ironie comporte une forme de chagrin ou de mélancolie[64] et pour qui « l'ironie a cessé de valoir condamnation du réel[65] » ; or, on sent, en effet chez Mona Hatoum une double posture qui implique une solidarité avec son sujet et un détachement distanciateur vis-à-vis de celui-ci, que le jeu des matériaux et l'humour ironique qui leur sont liés construisent. Or, cette ironie est constitutive d'une énergie carnavalesque propre à l'énonciation visuelle de l'objet. Mais ce qui construit aussi le risible carnavalesque des objets de Mona Hatoum, c'est leur multiplication, leur répétition, leur rythme, leur sérialité et leur variété de disposition qui figurent un monde à part entière ; les objets se font écho dans leur étrangeté, et, construisent ainsi un dialogue qui amène à une certaine intensification de l'absurde. Les clins d'œil permanents de l'artiste d'un objet à l'autre attirent aussi le

---

[62] *Ibidem*, p. 305.
[63] *Ibidem*, p. 299.
[64] *Idem*.
[65] *Idem*.

regardeur spectateur dans un quotidien qui fait penser la violence du monde comme une sorte de carnaval. Le monde quotidien de Mona Hatoum est ainsi un monde de l'anomalie, où le corps est appelé à ressentir sa négation, c'est-à-dire l'impossibilité de l'inscription du geste minimum qui permet sa survie. Les objets de Mona Hatoum figurent ainsi une impasse, celui du geste simple, celui du quotidien. Dans l'installation[66] *Home*[67] où se trouve également un égouttoir, les ustensiles de cuisine se retournent aussi contre la possibilité tranquille du quotidien, contre la possibilité de l'habitude, et contre le regardeur-spectateur ; les objets contribuent à fabriquer un monde déstructuré, ébréché, fragmenté, à la fois hostile et incohérent, un monde renversé où l'identification classique à la violence est aussi elle-même renversée, déjouée, puisque tout regardeur-spectateur peut s'emparer de l'œuvre et se sentir concerné par le quotidien et le banal des objets en présence. Si l'univers privé est ici en chantier, l'installation renvoie à la pensée des objets théorisés par Bakhtine qui les analyse à partir de leur usage et de leur mise en image dans la culture populaire du rire au Moyen-Age et de la Renaissance ; il écrit :

> pendant le carnaval (...) les objets sont (...) utilisés à l'envers, à l'encontre de leur usage habituel ; les ustensiles domestiques sont des armes ;[68]

S'anime alors un « bric-à-brac de l'enfer carnavalesque »[69]. Or, il y a bien ce procédé chez Mona Hatoum puisque l'artiste d'une part, joue, renverse, inverse soit, l'utilité de l'objet elle-même, soit, la fabrication de celui-ci, soit, le but ou la finalité de son utilisation, d'autre part, elle déjoue la vocation initiale de l'objet qu'elle rend certes, absurde, mais aussi hostile. Comme pour le carnaval, l'objet est une arme qui vient assaillir le regard, se rend à l'assaut du caractère tranquille de la contemplation ; tout apollinisme est ici mis à mal, contrarié, brutalisé presque : il y a, en ce sens, quelque chose qui relève d'une énergie dionysiaque des objets qui subissent une transformation, qui organise une sorte de mascarade, de ballet mécanisé de l'inversion. Car dans

---

[66] Bois, acier inoxydable, fil électrique, ampoules, gradateur, amplificateur et deuhaut-parleurs.
[67] L'œuvre est consultable sur le lien suivant :
https://www.youtube.com/watch?v=Ze3mfpCuzxg
[68] Mikhail Bakhtine, *L'œuvre de François Rabelais...*, *op. cit.*, p. 408.
[69] *Idem*

Home la lumière aussi touche au procédé de l'inversion : les objets sont éclairés et la lumière opère un renversement de la vocation initiale des objets en présence : ici, un égouttoir fait office de lampe, plus loin une bassine renversée se fait luminaire, ici encore une passoire ressemble à une lampe de chevet. Le carnaval ne veut pas d'une représentation fixe du réel où tout est à l'endroit. Cette lumière[70] trouble l'identification du décor. Elle amène de l'intime, de la chaleur et contribue d'une certaine manière à sublimer les objets de l'installation ; elle séduit d'une certaine manière, mais en réalité elle obscurcit l'objet en troublant le sens de sa définition. La sublimation est de plus très vite contredite par la mise en place d'un courant électrique qui parcourt les objets reliés les uns aux autres par un fil électrique. Ce fil renvoie possiblement au réseau, à l'idée de ramification, de rhizome, de désordre, de connexion énergique ou neuronale. L'objet devient alors presque organique, charnel. Les objets sont alors chargés d'une vivacité troublante proche de cet éclair qu'est le *Witz*, proche aussi d'une dangerosité insolite ; animé d'une hostilité inattendue qui empêche toute contemplation passive, l'objet semble prendre le pouvoir, capter l'intensité, se rire de l'impuissance des regards sur ce qui a lieu et fait alors événement par l'acte du regard. Car *Home* c'est aussi une œuvre qui fait advenir une forme de rupture à la fois ludique et brutale, où la passivité se voit à la fois court-circuitée et déclenchée. Les objets sont sonorisés ; le courant électrique qui les parcourt est tangible. Il contribue donc aussi à leur donner vie.

L'objet est aussi rendu vivant par le travail de distorsion de leurs emplacements et l'œuvre est pareille à un processus d'engendrement : celle d'une cacophonie visuelle et sonore qui éclate la forme. La lumière peut renvoyer à la référence biblique de la création : « Dieu créa la lumière » et « il vit que cela était bon » ; mais la logique carnavalesque inverse les valeurs du bon et du mauvais et semble tourner en dérision cette lumière d'un jardin d'Eden renversé, transformé en enfer, un enfer du banal où la lumière n'est pas à voir comme un objet de fascination car c'est elle qui regarde et veille :

---

[70] *N.B.* : l'œuvre semble entrer en dialogue avec une œuvre de Mona Hatoum où la lumière est aussi matériau de l'œuvre : il s'agit de *Misbah* où, là encore, l'objet subit une transformation carnavalesque et où la sublimation se voit contrariée par l'agencement d'ensemble de l'œuvre.

« [t]out ce qui brille voit[71] » écrit Bachelard. Or, il y aurait peut-être ici comme un dialogue possible entre la symbolique ou la portée métaphorique de la présence de cette lumière et l'opération du *Witz* dans *Home*, car le *Witz* n'est-il pas lumière instantanée du regard, c'est-à-dire du *Blitz* (l'éclair) dont la sonorité rappelle le *Witz*, (l'esprit) comme le mentionne Marie-José Mondzain[72] ?

L'espace tranquille de l'habitude (supposée) est donc ici changée en jeu de piste, en mascarade, en traquenard, en terrain hostile mis en avant par l'éclair instantané du *Witz* qui, d'une part, joue avec le regardeur-spectateur, d'autre part, rappelle ici l'invasion de la violence de l'Histoire dans l'espace intime du quotidien, dans l'antre de la maison. Les objets sont quelque peu personnifiés par l'agitation électrique qui les traverse. Or, le fait de renverser de l'inanimé en animé procède aussi de la logique de renversement propre au carnavalesque qui s'inscrit par exemple dans la tradition de l'usage du balai mis à l'envers au carnaval. Les objets sont ici investis d'une force qui commande au corps du regardeur-spectateur de s'éloigner de ceux-ci, de ne pas les utiliser. C'est comme si les objets en mouvements appelaient à une certaine immobilité des corps censés les manier, ou voulant les utiliser. Cette organisation technique des objets électrifiés et sonorisés, ajoutée à la façon dont sont disposés çà et là les ustensiles de cuisine, anime une forme de désordre : ils figurent à nouveau ce que Bakhtine nomme un « bric-à-brac de l'enfer carnavalesque »[73]. Or, ce bric-à-brac n'est pas juste la monstration didactique d'un état de fait ; il est littéralement un champ de bataille quasi labyrinthique qui libère des forces disparates, il semble décharger une énergie cathartique, ouvrir sur un mouvement, appeler un élan, ceux que comprend l'esthétique du *Witz* au sens où en parlent Freud et Mondzain. Objets renversés, présence de la lumière, du son, fils électriques reliant les éléments entre eux, évocation du quotidien, impasse du banal, figuration du désordre, éloignement du corps, semblent ainsi les composantes d'une image qui parait jaillir tout droit de l'inconscient et parait irréelle, à la fois onirique, absurde, étrange, dotée aussi d'une énergie visuelle presque

---

[71] Gaston Bachelard, *La poétique de l'espace, op. cit.*, p.47.
[72] Marie-José Mondzain, conférence *Carnaval et Blasphème*, 28 mai 2008, au centre Pompidou, en ligne.
[73] *Idem*.

pulsionnelle d'où semble fuir une forme d'urgence synthétisée de l'expressivité.

Ironie & condensation

Dans son œuvre réalisée en 2008 et intitulée *Paravent,* Mona Hatoum se focalise toujours sur le banal, le quotidien ; sauf qu'à l'univers de la cuisine, se substitue celui de la chambre – (à moins que l'on imagine ce paravent dans un autre contexte que celui d'un intérieur). L'objet à lui seul évoque tout un univers – celui de l'habitude quotidienne, de l'intimité, de l'habillage et du déshabillage – et dans le même temps il permet l'ouverture de la lecture, il invite une multitude de perspectives. Son étrangeté l'ouvre à ce manque dont parle Schlegel à propos du *Witz* et que l'on a évoqué en amont. C'est donc d'intime dont il est question ici et encore une fois de corps ; il est également question toujours de carnavalisation d'un quotidien mis à l'envers, défait, déconstruit. Mais l'œuvre est aussi carnavalesque dans l'énergie du mouvement de pensée qu'elle déploie : celui du *Witz* que l'image articule, celui du travail de fusion d'éléments hétérogènes qu'elle opère. L'œuvre, en effet, opère un certain travail de déconstruction singulière doté de cette force naturelle et/ou universelle du *Witz* dont parle Schlegel, et de cette déflagration de l'inconscient dont parle Freud. Ainsi, l'œuvre est la résultante d'une image dynamique, percutante car créant une sorte de choc visuel, perceptif et réflexif qui fait travailler le regard dans la brièveté, avec la rapidité de l'éclair. En ce sens, l'objet travaille à la façon d'une caricature ; mais une caricature dans laquelle il ne s'agit pas de déformer un portrait ou une physionomie reconnaissable par le grossissement opéré par le dessin, mais une caricature qui travaille à rassembler, par un effet de synthèse, des fragments montés ensemble, enchevêtrés, synthétisés, fusionnés, renversés et donc, d'une certaine manière, carnavalisés.

Un bricolage spontané

Le rire entretient, comme on l'a déjà vu en amont, un lien à l'imagination et au rêve. Bergson avait déjà pressenti le lien ténu entre le rêve et le rire ; dans *Le rire* il écrit que « l'absurdité comique est de même nature que celle des rêves[74] » ; cette intuition, Freud l'analyse en profondeur dans *Le mot d'esprit et sa relation à l'inconscient*. Puis Ernst Kris et Ernst Gombrich reprennent ce rapport entre le rire et le rêve pour l'appliquer concrètement à l'image, en particulier au travail de condensation qu'opère souvent l'entreprise graphique de la caricature.

Ernst Gombrich, dans *L'Arsenal des humoristes*[75], rappelle précisément, à partir de l'analyse d'une œuvre de Daumier[76], ce travail de la fusion du *Witz* qui élabore une image « frappante » ; plus précisément, Gombrich renvoie au *Witz* analysé par Freud, lequel s'applique à penser la fusion qu'opère le mot d'esprit ; Freud, en effet, dans *Le mot d'esprit et ses rapports avec l'inconscient*[77], met en effet avant le travail de construction visuelle que la condensation opère dans un lien au processus de fabrication du rêve. Gombrich écrit :

> C'est dans cette condensation d'une idée complexe en une image frappante et facile à se remémorer que nous découvrons la qualité et l'attrait durable de ce trait d'humour satirique. Et la condensation en une image impressionnante qui rassemble toute une suite d'idées est en fait l'essence même du mot d'esprit.

Il poursuit :

> Ernst Kris (…) a montré à quel point on pouvait tirer profit de l'analyse des plaisanteries verbales pour l'étude des illustrations et des caricatures.

Il ajoute :

> Dans son ouvrage sur le mot d'esprit et ses rapports avec l'inconscient, Freud a attiré l'attention sur la similitude entre les processus mentaux dont le mot d'esprit nécessite la mise en œuvre et ceux qui interviennent dans le rêve. Dans les deux cas, la fusion d'éléments disparates aboutit à une configuration étrange et originale qui peut dissimuler des significations multiples.[78]

---

[74] Henri Bergson, *Le rire*, Paris, GF Flammarion, 2013, p. 174.
[75] Ernst Gombrich, « L'arsenal des humoristes » (1962), *Méditations sur un cheval de bois et autres essais sur la théorie de l'art*, G. Durand (trad.), Mâcon, Éditions W, 1986, p. 229-253.
[76] Voir la caricature : Honoré Daumier, *L'équilibre Européen*, *Le Charivari*, Le 30 décembre 1867.
[77] Sigmund Freud, *Le mot d'esprit et ses rapports avec l'inconscient*, (1905), Paris, Folio, 2014.
[78] Ernst Gombrich, *L'arsenal des humoristes*, (1963), Paris, Phaidon, 2003, p. 235.

Dans *Paravent*[79] de Mona Hatoum, le *Witz* inscrit ou élaboré sur le plan visuel opère une condensation à plusieurs niveaux : il condense deux objets : le paravent et la râpe à fromage ; deux univers ou emplacements qui renvoient au quotidien et que sont la chambre et la cuisine, et enfin deux sensations : celle qui relève du sentiment de protection, de pudeur et d'intimité qu'évoque le paravent, et celle de dangerosité, de menace, de coupure, de violence qui vient ici menacer le corps. L'objet renvoie ainsi à une pluralité d'informations et de sensations contradictoires qui rendent l'objet paradoxal et le font comique tout autant qu'inquiétant. La portée comique de l'objet réside dans sa dimension tout à fait incongrue, dans le brouillage des signifiants amenés à fusionner dans un objet inexistant dans la réalité. La portée angoissante et renversée de l'objet réside surtout dans la sensation physique, la perception toute corporelle de l'objet métallique d'où semble surgir une menace. Là aussi, tout comme dans *Home*, il s'agit de maintenir le corps du regardeur-spectateur dans une mesure d'éloignement ou bien de lui promettre un destin funeste s'il s'approchait de l'objet de trop près.

Le jeu d'échelle qui, ici, agrandit la taille normale de la râpe à fromage a pour vocation de créer un sentiment d'étrangeté. Elle a pour effet d'amuser : le gigantisme, l'hyperbole, la construction d'une exagération formelle sont typiques des procédés propres à construire esthétiquement une forme d'irréalité comique ; c'est sur ce principe qu'est basée toute l'œuvre de Rabelais. Or, ici, précisément, l'objet est quasiment rabelaisien dans le sens où il renvoie à une énormité improbable et donc comique, tout autant qu'il renvoie à la cuisine, à la nourriture, renvoyant la violence à n'être qu'un ventre immense et affamé sur le point d'ingérer toujours plus de corps. L'objet est donc dans le même temps distributeur d'un effet d'angoisse : renvoyant le corps à être objet de consommation, une nourriture cuisinée par la brutalité de la violence de l'Histoire, il investit un humour féroce, un rire de la cruauté où l'innocuité comique voisine avec l'inquiétude aiguë et trouble d'une étrange étrangeté. L'élan carnavalesque là encore inverse l'usage de la vocation des objets. Il sème un sentiment de désordre où la réalité est distribuée dans un éclatement des signes, une fragmentation des sensations qui entrent en collision ; or, cet éclat, ce travail du fragmentaire est précisément ce qui correspond au travail du *Witz* tel que Freud le décrit en s'appuyant sur une

---

[79] Dimensions de l'œuvre : 302 cm x 211 cm x 5 cm.

comparaison avec le rêve qui condense des éléments disparates[80]. Il ne s'agit pas de dire que le rêve et le mot d'esprit/le *Witz* sont précisément la même chose ; à ce propos Freud précise : « le rêve demeure en tout état de cause un désir (…), le mot d'esprit, lui est un jeu développé[81] ». Mais le *Witz* procède aussi toutefois de l'énergie pulsionnelle inconsciente qui permet sa formation à la fois insolite, bigarrée, percutante, étrange et concise. On voit bien que l'intuition de Mondzain, telle qu'on l'a exposée en amont[82], et qui consiste à rapprocher les deux notions que sont le carnavalesque et le *Witz*, est pertinente pour éclairer notre analyse. Car *Witz* et carnaval agencent le désordre, associent les contraires, fusionnent les formes, détournent, décalent, déplacent les éléments ou les motifs, agencent des formes disparates prises par un élan, une sorte de brièveté de la formulation pour le *Witz*, un mouvement qui décale la norme pour le carnavalesque.

On peut mettre cette œuvre de Mona Hatoum en regard avec celle d'Eugenio Merino intitulée *La frontera* réalisée[83] en 2016. Dans les deux cas, les deux objets représentés contreviennent à leur fonction initiale qui consiste à protéger la nudité du corps des regards indiscrets. C'est donc aussi de regard dont il est question ici, plus précisément de regard subtilement mis en regard : « qui regarde qui ? Quoi et comment ? » semble questionner l'objet. Tout comme *Paravent* de Mona Hatoum, *La Frontera* d'Eugenio Merino est détournée de sa fonction et de son utilité initiales. Un travail de condensation est également opéré et l'objet fusionne des éléments et des sensations contradictoires aussi. L'évocation d'emplacements que sont la chambre et la cellule de prison fusionnent et entrent en collision dans le même temps. D'un côté, l'intime lié au paravent en tant qu'objet renvoie à une forme de liberté : celle de l'usage subjectif et individuel du temps auquel l'habitude de l'habillage et du déshabillage renvoie, de l'autre, le motif et le matériau qui sculpte l'apparence de ce paravent renvoie à l'enfermement.

Le *Witz* opère ici dans toute sa pertinence structurelle : bref, cinglant, concis, synthétique. Il réunit dans un seul motif deux

---

[80] Sigmund Freud, *Le mot d'esprit et ses rapports avec l'inconscient*, (1905), Paris, Folio, 2014, p. 289-322.
[81] *Ibidem*, p. 321.
[82] Marie-Luce Liberge, *Esthétiques du rire & violences de l'histoire, Ibid.*, pp. 113-124.
[83] Sculpture en fer, dimensions de l'œuvre : 180 cm x 180 cm.

emplacements différents, deux réalités contradictoires, deux sensations opposées : la chambre et la cellule de prison, le confort et l'inconfort, la liberté et l'aliénation. L'objet comporte une ironie très forte que vient éclairer la date de la réalisation de l'œuvre et son titre : *La frontière*. L'œuvre renvoie ici à la réalité de nombreux migrants qui arrivent en Espagne depuis Tanger. Elle pose aussi la dialectique de l'intime et de l'extime, questionnant possiblement le lien entre espace privé et espace public et de leur monstration. D'une certaine manière elle vient amener la question de la frontière public/privé, de la visibilité de souffrances intimes quotidiennes et privées qui, en réalité, concernent de près la sphère publique, la société, et les valeurs qu'elle peut défendre.

De même que pour le travail de Mona Hatoum, l'objet en présence vient créer du trouble, il inscrit de l'anomalie, de l'incongru dans l'évocation du quotidien qui apparait comme une sorte de farce ou de tour, celui de la transformation de l'usuel, de l'utile, en aberration. L'objet renvoie au monde, là aussi, pensé ou ressenti comme étrangeté. Il relève d'un décor presque surréaliste où se combinent les contraires et où le sens est renversé ; là encore, l'inversion est à l'œuvre, puisque le dedans est le dehors, et inversement, la prison est dans la chambre ou la chambre dans la prison, ce qui est censé cacher a vocation à montrer, les repères sont déplacés, comme dans toute image carnavalesque où rien n'est au bon endroit, tout anime un désordre, un univers sens dessus dessous, un univers de la cacophonie visuelle, où l'éclatement de la norme est la loi, où l'inattendu et la surprise guident le regard, où la perception est mise en jeu. La notion de jeu est importante ; car c'est bien par le jeu des associations d'éléments, d'images, de métaphores, de signifiants que s'accomplit la réception de la condensation opérée par le *Witz*. Or, le jeu participe du plaisir perceptif lié au *Witz* ; Freud écrit :

> Le jeu (…) apparait chez l'enfant tandis qu'il apprend à employer les mots et assembler des pensées. Ce jeu obéit vraisemblablement à l'une des pulsions qui forcent l'enfant à exercer ses aptitudes.[84]

Par ailleurs, ces deux œuvres qui se jouent des objets en les condensant – et qui se jouent aussi de leur vocation et de leurs sens – restent étroitement liées au travail de l'imagination qui s'attache à

---

[84] Sigmund Freud, *Le mot d'esprit et ses rapports avec l'inconscient*, op.cit., p. 240.

distordre le réel mis en jeu. Or, le rire du *Witz* est bien lié à un travail de l'imagination. Bachelard rappelle dans *L'air et les songes*, en quoi consiste le travail de l'imagination, il écrit :

> On veut toujours que l'imagination soit la faculté de *former* des images. Or elle est plutôt la faculté de *déformer* les images fournies par la perception, elle est surtout la faculté de nous libérer des images premières, de *changer* les images.[85]

L'esthétique du rire, lié au *Witz* précisément, dans sa capacité à transformer et distordre par un travail de l'imagination plus précisément, est une fabrique à images ancrée dans ce double mouvement d'Éros et Thanatos où vie et mort, construction et destruction, pulsation morbide et élan vital s'acheminent ensemble, s'accomplissent, l'un contre l'autre, l'un par l'autre, entrant en tension et en collision. Et c'est dans ce conflit que s'inscrit la fabrication-défabrication de l'objet par le *Witz* ; c'est aussi dans cette turbulence que surgit cette force naturelle universelle dont parle Schlegel à propos du *Witz*, une force qui provient d'une forme de chaos. C'est en cela aussi que pluralité hétérogène et commune humanité se retrouvent, et cela aussi bien dans le matériau que dans la portée politique de l'objet : cette commune humanité vient directement de cette force naturelle du *Witz* – la force de l'inconscient qui est universelle dans sa marche de manœuvre – et cette nature est intrinsèquement relié à des puissances hétérogènes qui se scindent, elles reflètent, en ce sens cette dynamique des pluralités qui peuplent le vivant. Ce surgissement manifesté dans les formes relève d'une forme de pensée sauvage selon le terme de Bruce Bégout, ce qui nous renvoie à la notion de nature, de naturel qui inscrit sa répétition prise au fonctionnement psychique humain quand celui-ci est pris dans un mouvement libératoire de vie. Bégout écrit : « Comme la pensée quotidienne mêle en un ensemble hétéroclite des éléments disparates et parfois même contradictoires, elle relève de ce que Lévi-Strauss nomme le « bricolage intellectuel » d'une pensée mythique, sauvage et préscientifique. »[86] De même, l'objet qui agence le *Witz* inscrit une

---

[85] Gaston Bachelard, *L'air et les songes*, 1943, Paris, José Corti, p.18.
[86] Bruce Bégout, *La découverte du quotidien*, cité par Quentin Jouret, dans *L'art de la discrétion (l'infranuance et le petit usage)*, thèse de doctorat d'arts plastiques sous la direction de Dominique Clévenot et d'Isabelle Alzieu (Université de Toulouse), p.108.

forme de bricolage spontané. L'association que les objets du quotidien permettent de cristalliser sur le mode du *Witz* s'alimente à une forme d'opacité spontanée qui, en réalité, touche à l'intuition d'une forme de connaissance ; la didactique alors ne s'impose pas, la rhétorique n'est pas exclue, l'indécidable a droit de cité, ainsi qu'une forme de liberté interprétative dont le regardeur peut alors s'emparer.

Axiologie verticale

C'est sur le même procédé que Merino réalise *Purple rain* en 2010. *Purple rain*[87] de Merino évoque aussi l'univers du quotidien, celui, fragile, de l'enfance ; représentant un mobile menaçant pour enfant où des couteaux remplacent des figurines. L'objet joue aussi ironiquement avec sa figuration distordue. Là aussi, il y a condensation d'univers, d'éléments, d'objets, de sensations. Sont fusionnés le monde fragile de l'enfance et l'univers dangereux des adultes, le mobile rassurant qui prépare au sommeil et la menace de couteaux tranchants qui effrayent, le confort d'un côté et le danger de la violence de l'autre. S'ajoute à cela l'agrandissement carnavalesque de l'objet, sa dimension gigantesque inscrivant une hyperbole, une forme d'insistance de la menace, une forme de stridence. Une forme d'ironie cinglante s'en dégage avec force. Là aussi, l'œuvre est étrange, ludique et angoissante ; elle semble référer à l'histoire de Damoclès, personnage de la mythologie grecque : Damoclès avait pour Maître un tyran de Syracuse qu'il ne cessait de flatter et auquel il rappelait sans arrêt la chance de son bonheur et de sa richesse. Un jour, le tyran invita Damoclès à un banquet et, afin de lui faire comprendre la versatilité de cedit bonheur, plaça au-dessus de la tête de ce dernier une épée maintenue par un unique crin de cheval. Il y a peut-être dans cet objet l'idée d'une critique acerbe d'un certain type de rapport au pouvoir ; quiconque flatterait le pouvoir du tyran serait aux prises avec le risque de tout faire vaciller, avec le risque de perdre la tête. Mais il y a peut-être aussi, dans cette condensation, l'idée selon laquelle, tout individu qui flatte le pouvoir en place se met dans la position fragile et dépendante de l'enfant. L'objet est précisément une fusion ; s'y adjoignent des éléments antagonistes et hétérogènes dont la mise en collision sème un trouble, et en même temps accroche,

---

[87] Dimensions de l'œuvre : 220 x 120 x 110 cm, structure mobile, couteaux, peinture.

percute, retient l'attention de façon quasi immédiate. L'objet est aussi renversé : sa vocation première est inversée. L'anomalie vient carnavaliser le quotidien mis à l'envers, décalé. À cela s'ajoute la portée circassienne de la perception de l'œuvre ; car le jeu des couteaux, possiblement évoqué ici, est possiblement lié à la foire, aux spectacles circassiens traditionnels. Par ailleurs, si l'on réfère aux mobiles de Calder, pour qui le cirque fut central, l'objet travaille ce qui touche à la chute, au balancement et dont les mouvements sont propres à ce qui travaille en profondeur l'univers du carnaval. Or, au sein du carnaval, la question de l'équilibre est prégnante et associée à l'idée de renversement, de transformation. Et ici la transformation et le renversement du regard du spectateur sont à l'œuvre puisque celui-ci n'est pas amené à regarder frontalement ce qui se passe en face de lui, il est amené, au contraire, à renverser la tête pour regarder au-dessus de lui. Cette disposition de l'œuvre à partir d'un travail de suspension vient construire une sensation d'écrasement : l'œuvre surplombe, menace, renverse, joue, regarde celui qui regarde. Elle inscrit aussi l'établissement d'une axiologie verticale, elle construit ce que Bachelard nomme dans *L'air et les songes*, une « imagination ascensionnelle » ; il écrit :

> Nous formulerons donc ce principe premier de l'imagination ascensionnelle : de toutes les métaphores, les métaphores de la hauteur, de l'élévation, de la profondeur, de l'abaissement, de la chute sont par excellence des métaphores axiomatiques. Rien ne les explique et elles expliquent tout.[88]

Encore, une fois, et on y référera encore dans ce texte, Bakhtine se penche très largement sur la question de l'axiologie verticale dans l'imagerie des formes et des opérations esthétiques grotesques du carnavalesque. Celle-ci revêt une importance prégnante dans la pensée de l'esthétique du rire ; le théoricien y analyse notamment la figuration d'un agencement hiérarchique du monde dont le rire travaille à la déconstruction et à une forme symbolique de destitution, pour redistribuer des puissances de vie liées à la terre, au sol, au bas-matériel. Le rire corrosif, l'humour noir en présence dans l'œuvre de Merino semblent menacer ainsi, avec la vivacité du *Witz*, le regardeur-spectateur. Il y a également dans l'œuvre, selon la formulation de

---

[88] Gaston Bachelard, *L'Air et les songes, op. cit.*, p.18.

Flaubert un type de rire, plus précisément une forme de comique, un « comique arrivé à l'extrême [un] comique qui ne fait pas rire »[89]. Ce comique n'est pas opposé ou contraire à l'ironie, car c'est lui qui contribue à élaborer celle-ci ; une ironie que l'on pourrait qualifier de carnavalesque, à la façon de la qualification Bakhtine quant à l'ironie socratique, une ironie qui carnavalise en ce sens qu'elle crée un mouvement : mouvement perceptif, mouvement de la pensée, rythme dans l'image, la matière ou la forme déposée là, livrée au regard placé en posture d'autonomie. Comique, ironie, carnavalesque sont ici interdépendants, enchevêtrés, interdépendants.[90]

Purple rain de Merino peut être mis en regard avec l'œuvre de Zoulika Bouabdelah intitulée *Mobile* et réalisée en 2014. Zoulika Bouabdelah procède également ici de la condensation. Là aussi, la fusion des contraires s'opère dans l'objet, le renversement travaille la forme, ainsi que la perception du quotidien dans laquelle vient sourdre un sentiment de violence, de menace, d'hostilité. Les travaux de l'artiste touchent souvent à la question de l'évocation des violences et un humour corrosif, à la fois acerbe et subtil, jalonnent ses œuvres. Dans certaines d'entre elles, la question de l'évocation des femmes, du féminin est à l'œuvre, comme on a pu le voir précédemment. Ici, la violence de l'Histoire entre dans la maison par un objet modifié montrant que la violence s'introduit dans les repères éducationnels et les coutumes dont l'excision fait partie. L'objet renvoie aussi possiblement à d'autres lectures, mais il se veut, quoi qu'il en soit, satirique, voire sarcastique. Ici aussi, le mobile est constitué d'objets menaçants : des lames de rasoir. Le *Witz* est à l'œuvre, là aussi dans sa brièveté, sa causticité, sa portée fulgurante, son efficacité langagière (visuellement), sa puissance synthétique hybridant les contraires. Zoulika Bouabdelah agence ainsi, par l'objet[91], un quotidien menaçant qui s'apprête à chuter comme si le ciel allait « nous tomber sur la tête » comme le craignaient les Gaulois ; cette évocation d'une peur du ciel pouvant s'effondrer, ou cette peur éprouvée (par exemple par les Incas) du soleil pouvant tout faire disparaître, cette peur viscérale de quelque chose là-haut, au-

---

[89] Gustave Flaubert cité *in* : Alain Vaillant, *Esthétique du rire, op. cit.*, pp.277-306.
[90] Gustave Flaubert, Lettre à Louise Colet, 8 mai 1852, *in* : *Correspondance (juillet 1851-décembre 1858), tome II*, édition établie, présentée et annotée par Jean Bruneau, Paris, Gallimard (Bibliothèque de la Pléiade), 1980, p. 85.
[91] Matériaux de l'œuvre : acier, lames de rasoir en aluminium.

dessus de soi pouvant tout anéantir, toutes les civilisations l'ont éprouvée : il s'agit d'une angoisse métaphysique qui n'est sans doute pas sans lien à la violence. Pour la conjurer, les civilisations ont mis en œuvre des stratagèmes, des rituels, des modes de croyance, des sacrifices, des solutions mystiques censées opérer un contrôle capable de retenir ou de retarder la chute du monde. Or, il se peut que cette suspension de lames évoquant possiblement cette peur viscérale et anthropologique en apesanteur, parle en réalité d'un déplacement de cette violence originelle. L'objet renverrait alors à la violence comme une réponse à la peur mais une violence dont le mode exutoire ou sacrificiel se serait déplacé, transféré, décalé dans l'exercice de la violence qui a lieu dans le cadre de la domination masculine[92]. L'artiste pratique ici un humour noir sans concession. Dans son introduction à son *Anthologie de l'Humour noir*, Breton amorce son propos en insistant sur deux mots tirés du texte de Baudelaire sur le rire dans les arts plastiques[93] : il s'agit des mots « émanation , explosion »[94]; termes qui nous ramènent à la pensée du *Witz*, ainsi qu'à la turbulence du carnaval et qui nous conduisent aussi à penser l'humour noir comme, là encore, un travail de synthèse et de fulgurance par l'image qui impose à la perception sa présence instantanée et sa réceptivité immédiates. L'humour noir c'est peut-être cet « humour meurtrier » dont parle Jean Paul Richter dans son *Introduction à l'esthétique*[95] et qui opère une « ridiculisation du monde entier ».

Mais ce qui qualifie plus précisément encore l'humour noir c'est aussi la traduction, dans la forme esthétique, de la présence de cet arrière-regard en retrait depuis la conscience de l'artiste ou de l'auteur, qui, voyant, percevant, ressentant le visage défait du monde, prend du recul, pour mieux, mettre en jeu son énonciation dans une forme d'amusement cinglant qui ne renonce pas à voir et à mettre en forme. L'humour noir est aussi la preuve d'une aptitude à saisir un ensemble dans la considération du relief de cet ensemble que constitue le vivant fait de brutalité, de données tragiques, violentes, chaotiques, crues, mais fait aussi de puissances du jeu et de puissances

---

[92] Pierre Bourdieu, *La domination masculine*, Paris, Seuil, Collection Liber, 1998.
[93] Charles Baudelaire, *De l'essence du rire et généralement du comique dans les arts plastiques*, in : *Critique d'art*, Paris, Folio, 1992.
[94] André Breton, *Anthologie de l'humour noir*, (1966), Paris, Pauvert, 2005, p. 11.
[95] Jean Paul Richter, *Introduction à l'esthétique*, t. 1 et 2, (1862), Paris, hachette/BNF, 2012.

de vies dont il s'agit de se saisir pour composer plastiquement, intellectuellement et psychiquement avec le tout qui devient alors formulable. L'humour noir est l'écoute et l'entendement du tout à l'intérieur duquel générer une stridence audible et où introduire un point d'orgue lumineux apte à négocier avec l'obscurité du réel. L'humour noir relève donc d'une particularité de formulation (verbale ou visuelle), dans le contexte d'une lucidité qui ne plie pas, qui accentue et atténue dans le même temps : en ce sens, son esthétique semble s'appliquer à distancer et rapprocher simultanément avec intensité, à faire voir le réel dans sa béance tout en associant à l'acte du voir le plaisir ludique de l'esprit, celui d'un agencement insolite, d'associations inattendues qui mettent l'esprit, l'imagination et la pensée en mouvement ; son élaboration permet de faire voir de façon aiguë en prenant pour matière de jeu la douleur même ou le choc, l'humour noir fait percevoir et sentir en mettant à l'index ce qui grince mais constitue toutefois bel et bien le réel ; ici l'humour noir des objets condensés de Merino et Bouabdelah ne renonce pas à regarder la violence de l'Histoire et à la faire percevoir par le plaisir constructif d'une perception ludique, ouverte, intelligible, distanciatrice.

Circularité & circulation

L'humour de Mona Hatoum peut relever d'un humour noir également mais parfois cet humour est à la lisière ; ainsi l'humour des objets propre à l'artiste dessine deux tonalités qui diffèrent : un humour noir parfois sarcastique où la sensation de danger se fait prégnante et où le carnavalesque est apocalyptique, où le regardeur est l'objet d'une farce, et un second type d'humour, plus indiciel, plus indirect, plus nuancé. L'usage du mobilier par Mona Hatoum loge alternativement ces deux tendances et construit une sensation de déséquilibre : le carnavalesque à l'œuvre est aussi l'instauration d'une sensation de renversement et d'instabilité du monde (impressions que l'on peut d'ailleurs retrouver dans l'œuvre de l'artiste iranien Siah Armajani). Avec *Conversation Piece* Mona Hatoum élabore un humour subtil, tout en délicatesse qui met en jeu le quotidien avec un mélange d'incongruité, de décalage, et d'étrangeté.

Dans *Conversation piece*[96], l'artiste met en cercle six fauteuils de salon munis d'accoudoirs disposés face à face. Un espace sépare chaque fauteuil ; au centre du cercle, une toile d'araignée surplombe le sol. Cette toile relie et sépare, dans le même temps, les fauteuils les uns des autres. C'est notamment dans ce double mouvement que réside l'ironie de l'installation, dans cette proximité à laquelle incite le quotidien et que le dispositif empêche, parasite, décale, perturbe. Encore une fois l'artiste utilise la notion de piège, thème récurrent dans le travail de l'artiste qui a figuré ce motif dans nombre de ses œuvres. Hatoum joue aussi là avec le fil qui dialogue avec la majeure partie de son œuvre : le fil y est mémoriel, symbolique, générationnel, ou bien il touche à la notion de frontière, à celle de fonction physiologique, à l'idée de chemin, de cartographie, etc. Hatoum met ici en collusion la culture et la nature, le salon et la maison de l'araignée, l'immobilité de la position assise et la mobilité supposée par la toile, le lié et le délié, l'être ensemble et l'isolement. Le territoire plastique de l'humour réside dans la perturbation de l'objet à partir duquel le sens se forge tout en restant non définitif, ouvert, indécidable[97]. Le fil de la toile d'araignée est par ailleurs agrémenté de perles de verre ; comme souvent chez l'artiste, la métaphore du danger est séduisante, paradoxale, constituée d'ambivalence, ce qui redouble l'ironie ; l'ironie encore une fois, s'appuyant sur un jeu d'ambivalence, d'antiphrase ou sur ce que l'on pourrait nommer anti-énonciation visuelle. Il s'agit de montrer le contraire de ce que l'on pense ou de ce qui est. Le dispositif contrarie ici le doux confort du salon, tout autant qu'il contrarie la beauté des perles prises au danger de la toile ; il y a donc double anti-énonciation. L'installation est aussi accompagnée d'un titre qui active la compréhension d'un sens possible et qui est relatif aux thèmes de la difficulté de communication, de la dangerosité de la parole. Car une toile d'araignée est bien le piège dans lequel s'abandonnent les proies naïves ou ignorantes. L'installation fait écho à une autre œuvre de l'artiste où la notion de dialogue, de communication de parole, de débat, de conversation est centrale : il s'agit de *Negociation Table* qui renvoie à l'échec des négociations politiques. Ici la circularité de

---

[96] Matériaux de l'œuvre : chaises, fils, perles de verre. Dimensions : 82 cm × 285 cm.
[97] Voir l'explication de cette notion dans : Marie-Luce Liberge, *Esthétiques du rire & violences de l'histoire, op. cit.*, pp. 124-125.

l'installation rappelle l'idée de la négociation politique prise à son propre piège.

On peut mettre en parallèle cette œuvre avec *Round table* de Chen Zhen qui réunit une table ronde autour de laquelle sont fixées des chaises représentant la diversité des cultures et des générations : au centre un texte y est gravé… L'humour y est peut-être encore plus indiciel que chez Mona Hatoum mais il semble cependant bien présent. Si Yves Michaud salue[98] l'humour de Chen Zhen, Hou Hanru, souligne, dans son ouvrage, *On the Mid Ground*, que l'artiste, *à travers l'humour et l'ironie*, « crée une distanciation de la réalité immédiate.[99] » Dans *Round Table*, en effet, l'agencement aménage une sorte de filtre d'avec la réalité. Il coupe d'avec le réalisme ou la figuration au premier degré, tout autant qu'il ramène au réel géopolitique. Il y a de la drôlerie dans cet objet improbable qui contrecarre toute possibilité d'utilité de l'objet. Là encore, l'œuvre comporte une forme de comique qui construit aussi une impossibilité : celle de s'asseoir autour d'une table circulaire puisque les chaises sont encastrées, accolées à celle-ci ; il y a comme une sorte de fusion des éléments qui délivre une absurdité au mobilier. Les chaises représentent différentes nationalités, différents âges, différentes cultures ; il y a donc réunion des différences autour d'une table sur laquelle des textes en lien aux droits de l'Être humain sont écrits mais l'objet se voit détourné de toute possibilité d'usage. L'humour vient aussi du matériau qui rabaisse l'aspect moderne et poli des tables rondes politiques à la simplicité d'un matériau vivant qui ramène à une simplicité, à l'universalité de la matière. On peut aussi voir l'humour dans le fait que la circularité de la table renvoie aussi à deux occurrences faisant résonner une incongruité : celle de la maison, du foyer mis en collusion avec la dimension théâtrale, factice, des négociations ou des instances décisionnelles internationales. Le cercle rappelle aussi la spirale, symbole du temps, il évoque l'éternel retour des violences, au-delà des pourparlers…

La table circulaire se retrouve aussi dans le film de Stanley Kubrick, *Dr. Strangelove or : How I Learned to Stop Worrying and Love the*

---

[98] Yves Michaud, « un souvenir », le 27 avril 2014, *cf.* lien : http://www.philomag.com/blogs/journal-y-compris-philosophique/journal-un-souvenir

[99] Hou Hanru, *On the Mid Ground*, Hong Kong, Yu Hsiao-hwei, Éditeur scientifique, 2002.

Bomb, précisément dans une salle qui représente la *Pentagon War Room*. Celle-ci est un lieu de parole et d'échange où les décisions sont prises et dont l'agencement est en contradiction avec la structure pyramidale des échanges et des choix politiques. La circularité de l'objet est en réalité la cristallisation métaphorique de plusieurs autres vagues de circularité : circularité, formelle politique, logique, structurelle et rythmique. Non seulement l'hypocrisie de la réunion circulaire est raillée, son dispositif symbolique est démonté, mais le pouvoir et la bureaucratie politicienne sont férocement rabaissés, dégradés, parodiés sans concession dans un rapport formel à la circularité. Car la charge s'organise en cercle, passant d'un protagoniste à l'autre, d'une aberration à une autre, elle se poursuit aussi de haut en bas et de bas en haut, sur les plans géographiques et hiérarchiques puisqu'alternent, de façon circulaire toujours, les plans liés aux scènes de l'avion et celles de la *Pentagon War Room* ; celle-ci est alors un lieu de résonnance visuelle des autres modalités circulaires du film, son motif jalonne de façon récurrente et rythmique l'ensemble de l'œuvre. Elle se fait ainsi, en quelque sorte, point d'orgue du tissage satirique d'ensemble. Cette circularité de la table statique est ainsi en réalité reliée à la notion de circularité sur le plan dynamique, réflexif, visuel et formel mais elle fait sens aussi au regard du scénario qui ne cesse de cibler des communications, des échanges, des dialogues incohérents qui tournent interminablement en rond, tombent à plat, révèlent une absurdité sans nom. Pour rappel, les protagonistes - qui sont soit des militaires soit de hautes personnalités politiques (dont le président des États-Unis et celui de la Russie) – tentent d'arrêter le lancement d'une bombe à la suite d'une erreur de commandement. Le film met ainsi en œuvre toute une métaphore filée de la circularité qui apparait de façon concrète dans le scénario lui-même, dans le montage et l'alternance en boucle d'un certain nombre de plans. La table cristallise aussi la grandiloquence et la mise en scène d'un cérémoniel qui correspond à une fausse grandeur, celle du pouvoir, qui, alors, loin d'être efficace, utile et pragmatique, se montre ridicule, absurde et tourne sur lui-même ; comme si s'inscrivait un dialogue entre, d'une part, une verticalité du pouvoir dont l'aberration connait une progression ascensionnelle en crescendo et d'autre part, la dimension circulaire du non-sens qui inscrit formellement une horizontalité et qui ramène toujours tout au degré zéro de la communication dans son impossibilité ; or, il y a ici, semble-t-il, quelque chose qui touche à un point d'observation bakhtinien dans la mesure où Kubrick inscrit l'horizontalité circulaire de cette grande table de réunion qui se fait retour sempiternel à la case départ. Et ici l'horizontalité, dans la dynamique des formes liées au rire carnavalesque du Moyen-Age et à l'esthétique rabelaisienne, renvoie à l'inutile. En effet, dans *L'œuvre de François Rabelais et la culture populaire au Moyen Âge et sous la Renaissance*, Mikhaïl Bakhtine souligne le fait que :

> dans la pensée et l'œuvre artistique du Moyen Âge (…) le mouvement horizontal n'avait aucune importance (…), il était compris comme un piétinement sur place, un mouvement insensé dans un cercle sans issue.[100]

On retrouve bien ici cette idée d'une horizontalité du plan de la table prise dans une circularité formelle et métaphorique qui renvoie au vide de la répétition des gestes et des paroles de ceux qui incarnent le pouvoir. Cette circularité de la table est ainsi la piste de cirque où les clowns s'acheminent. La circularité, enfin, se retrouve dans la mécanique du *Dr Strangelove* lui-même qui se retrouve étroitement lié à une répétition de l'Histoire, à un retour du refoulé individuel et collectif ; sa circularité répétitive se traduit dans ses gestes, il est lui-même objetisé et mécanisé ; cloué à son fauteuil roulant, cet ancien nazi eugéniste voit son corps se réarticuler et son salut hitlérien jaillir en dehors de tout contrôle, surtout lorsqu'il sent la possibilité de redonner de la vigueur à ses théories. Plus il est en confiance parmi ses pairs, plus il est négatif et morbide, plus son bras se déclenche en vue de la gestualité du salut hitlérien. Ce personnage assis dans son fauteuil roulant évoque les médecins nazis, expérimentateurs pour certains, recrutés par les américains après 39-45, et particulièrement après les procès de Nuremberg. Cloué à sa chaise il passe de médecin à invalide, mais retrouve sa force d'élan vitale lorsqu'il voit que les Américains prêtent oreille à ses plans monstrueux.

Ironie oscillatoire

Dans un autre registre d'agencement de l'objet, Mona Hatoum s'est intéressée au motif du fauteuil roulant. Une tradition de la représentation humoristique de la souffrance a émergé juste après la

---

[100] Mikhaïl Bakhtine, *op. cit.*, pp. 397-398.

guerre de 14-18. Dans son article « Du caricatural dans l'art du XXème siècle », Bertrand Tillier rappelle que :

> [les dadaïstes ont introduit une] esthétique de la laideur, de l'infirmité, qualifiée par Grosz de 'merveilleux cabinet des anomalies'.[101]

Tillier se demande si :

> dans une société aux prétentions civilisatrices [les] invalide[s] de guerre (…) ne sont-ils pas pétris d'une dimension caricaturale qui leur fournit paradoxalement une ossature, jusqu'à les figer dans une condition de bouffon ?[102].

Montrer l'être meurtri comme un bouffon non pour le moquer mais pour mieux le distancer, représenter, par l'esthétique du rire, le soldat blessé ou l'invalide, rendre visible la souffrance des uns ou des autres par un humour de l'exagération, fait partie de toute une tradition esthétique de l'image engagée où le corps difforme est au centre du propos (politique et esthétique). *Les joueurs de skat* d'Otto Dix réalisé en 1920 en est un exemple. Le corps-victime y est malmené graphiquement, l'esthétique du rire opère une saturation des signes de la douleur jusqu'à la rendre irréelle et clownesque. Puis les artistes ont continué à représenter les souffrances du corps liées aux guerres mais en trouvant des moyens de distanciation encore plus radicaux et qui, au lieu de porter à l'excès la figuration du corps blessé, en éludent totalement la représentation. Parmi ces moyens, figurent la représentation et l'usage de l'objet. Mona Hatoum fait partie des artistes qui ont exploré cette thématique de la représentation du corps blessé en se concentrant sur l'objet comme modalité plastique de distanciation ironique. Avec son œuvre *sans titre*[103] *(Whellechair)* réalisée en 1998, l'artiste suggère la présence du corps blessé. Ce fauteuil exprime sans doute la violence des conflits des pays en guerre et les tribulations du corps meurtri mais il s'agit bien sûr d'évoquer le corps dans sa lacune, son manque, il s'agit de le rendre palpable dans la suggestion, dans son impossibilité à se tenir debout. Ce fauteuil pour invalide est mis en jeu, d'où son ironie ; il voit ses deux poignées

---

[101] Bertrand Tillier, « Du caricatural dans l'art du XXe siècle », *Perspective*, 4, 2009, p. 538-558.
[102] *Idem.*
[103] Dimensions de l'œuvre : 97 cm x 50 cm x 85 cm.

équipées de lames tranchantes. L'objet laisse imaginer facilement le scénario selon lequel une personne amenée à aider un blessé potentiel installé sur ce fauteuil viendrait à se blesser à son tour. Il y a l'idée d'un objet-gag qui, censé être utile dans sa vocation initiale, crée un ricochet de l'accident, une surenchère de la blessure ; cette surenchère rappelle la conception bergsonienne du rire où l'idée d'une propagation faite structure, où celle d'une contagion du rire est motrice. L'objet ramène aussi à un non-sens ; il est absurde. Mona Hatoum reprend cette œuvre[104] en 1999. Le fauteuil est alors légèrement plus petit et non équipé de lame. En revanche, il est penché en avant, comme pris en pleine course, comme orienté de la sorte par la vitesse ; l'objet suggère là aussi un scénario, mais un scénario de course-poursuite tel qu'on peut en trouver abondamment dans les scènes comiques du cinéma burlesque. L'objet tire sa part risible de sa dimension surprenante, inattendue. Il rappelle aussi peut-être avec distance les violences dont les médecins et les blessés en situation d'urgence pâtissent en situation de conflits.

En outre, ce second fauteuil peut aussi entrer en dialogue avec une scène majeure du film d'Elia Suleiman intitulé *Le temps qu'il reste* ; dans ce film tragi-comique semi-autobiographique, le réalisateur retrace son histoire qui entrecroise les réalités du conflit israélo-palestinien ; tout y apparait alors dans une force d'absurdité singulière où comique et tragique sont sans cesse en dialogue. L'une des scènes du film se focalise sur l'arrivée du père du protagoniste à l'hôpital sur une civière, tandis que celui-ci est aussi poursuivi par les militaires israéliens. L'équipe médicale et les militaires se disputent alors la civière, chacun voulant absolument récupérer le blessé : les uns pour le soigner, les autres, pour l'arrêter. La scène est des plus comiques parce qu'elle montre les médecins et les militaires s'emparer alternativement du blessé et courir de part et d'autre d'un long couloir avec la civière. Cette idée de panique, de vitesse, d'absurdité rejoint l'objet de Mona Hatoum qui suggère, par l'inclinaison de la forme, le mouvement en tant que tel et le mouvement comique. Vitesse, non-sens, précipitation, panique, absurdité, fiasco, courses : l'objet saisit en une seule inclinaison la dimension d'apocalypse burlesque qui qualifie la violence. Il semble ainsi traduire un regard critique étrangement rieur et riant, celui de Démocrite qui déploie un rire incompris adressé au genre humain. Ce rire de l'objet nous ferait

---

[104] Dimensions de l'œuvre : 94.6 cm x 48.3 cm x 63.5 cm.

peut-être entrevoir un même regard sur le monde, toisant cet éternel retour du chaos qui produit des gens brutaux ou blessés, mais tous pressés, pris dans la rapidité de courses-poursuites en tous sens tandis que la finitude inhérente à la condition humaine attend, tranquille, sur la ligne d'arrivée. Cet objet, comme dans nombre d'œuvres réalisées par l'artiste, brille par son ambivalence. Car l'œuvre ramène au rire de l'absurde tout autant qu'à l'effroi qu'induit la violence des conflits. « L'ironie – explique Jankélévitch – (…) fait échos à l'homme pris dans ses contradictions oscillant entre le rire et le pleurer »[105]. L'ironie ajoute-t-il « est investie d'ambivalence » ; or, il y a bien, dans les objets de Mona Hatoum, une double polarité qui fait émerger une mise en tension des affects. Le spectateur-regardeur est alors amené à vivre face aux fauteuils roulants de Mona Hatoum un état intérieur pouvant rappeler :

> Simmias (…) [riant] des paradoxes de Socrate [bien que] la mort prochaine du [philosophe] le ferait plutôt pleurer ! »[106] et pouvant aussi rappeler l'état de « tous les disciples [de Socrate] (…) tantôt pleurant tantôt riant qui finissent par éprouver cette crase inouïe, cette syncrasie bizarre qui est selon *Le banquet* l'au-delà tragi-comique du rire et des larmes.[107]

Certes, l'objet de Mona Hatoum n'a pas vocation à plonger le regardeur dans un état émotionnel si extrême, mais son ironie touche à ce mélange contradictoire des affects où rire et mélancolie s'acheminent ensemble, alternativement, comme si le regardeur-spectateur était amené à une sorte de dislocation intérieure. Il peut donc y avoir ici l'idée que l'état de dislocation de l'être, absolument présent dans les œuvres d'Otto Dix, se trouve ici de façon indicielle, par effet miroir, non seulement dans l'objet mais aussi dans l'expérience de réceptivité du regardeur lui-même.

---

[105] Vladimir Jankélévitch, *L'ironie,* (1964), *Paris,* Flammarion, 2011, p. 133.
[106] *Idem.*
[107] *Idem.*

Chapitre 5

Ironie de l'objet métaphorique & *catharsis*

Poursuivons ici avec l'œuvre de Mona Hatoum qui ne cesse d'élaborer des œuvres où résonne cette forme de lucidité propre à l'humour noir. L'intime, la maison, la chambre, l'objet, le meuble étant des préoccupations plastiques et réflexives qui jalonnent l'œuvre de la plasticienne par laquelle se fait entendre, si ce n'est le récit, la résonnance ou l'évocation de la grande Histoire par la petite histoire recueillie dans l'objet et les faisceaux de signes qu'il émet. Cette obsession de l'hostilité dans l'antre de la maison, dans le foyer, dans un chez soi fictif toujours démembré et recomposé, voyage ainsi chez Mona Hatoum, d'une pièce à l'autre : le meuble fait alors résonner, la brutalité là encore, dans ses ramifications les plus intimes, au contact des tréfonds de la fragilité humaine. Animé par le *Witz*, le langage des objets de l'artiste construit une hostilité carnavalisée qui multiplie les significations, joue avec le sens et, dans le même temps, offre bien ce manque, ce vide, cette lacune évoquée par Schlegel : la force universelle et naturelle du *Witz* cristallisée dans sa tension hétérogène créant l'effet de frappe perceptif de l'objet.

Mais la condensation du *Witz* n'est pas la seule à engendrer une distanciation critique et carnavalesque ; le dispositif cathartique, le déplacement, l'hyperbole, le décalage constituent bien évidemment ses outils.

Un humour indécidable

Webbed I est une sculpture qui représente un lit ayant pour sommier une toile d'araignée. Là encore, la condensation met le quotidien à l'envers par l'anomalie et le renversement de la normalité. Une douce menace s'infiltre. Ce qui est censé accueillir repousse, menace, inquiète : il s'agit toujours de jouer avec la perception, de construire/déconstruire une image qui défait le cadre normé du quotidien. Avec le sommeil c'est le repos et le rêve qui se voient exclus de l'habitude, exclus du rythme normal de la vie. L'image de la toile d'araignée renvoie à l'enfermement mais elle renvoie à l'idée de tour, de farce, de piège tout comme dans *Home*. Elle rejoint aussi, en psychanalyse, l'idée de la filiation maternelle qui contrôle, oppresse, traque sa victime ou sa proie jusque dans l'intimité du repos ; il y aurait peut-être ici l'allusion à la sculpture de Louise Bourgeois intitulée *Maman* ; à la différence que *Webbed I* n'est pas une œuvre monumentale placée dans l'espace public évoquant un lien positif à la filiation maternelle ; elle est de la taille d'un lit pouvant accueillir une personne, un corps, elle est située dans l'espace du musée, elle figure l'intime de la chambre, et elle nous pousse à regarder vers le bas.

Le regard du spectateur-regardeur est ainsi amené à se renverser vers le sol, or, le sol encore une fois, selon les analyses de Bakhtine c'est l'ancrage. Mais celui-ci semble impossible, il est refréné par la toile qui attend sa proie et où vient pourtant se loger le regard dont on se demande s'il n'est déjà pris à quelque piège. Là encore, tout comme dans les œuvres précédentes de l'artiste, le corps est finalement maintenu à distance. La toile n'invite pas au confort du repos, elle invite à la méfiance, elle rappelle la nécessité du repos mais ne le permet pas. L'œuvre est alors paradoxale, porteuse d'ambivalence : or l'ambivalence est propre au mouvement opératoire du carnavalesque selon Bakhtine. Un autre rapprochement peut être fait avec *Expérience et pauvreté* [108] de Walter Benjamin où le philosophe évoque une perte de la transmission de l'expérience, notamment due à la violence des guerres et à l'état de crise de la civilisation. Il mentionne aussi, tout comme Adorno, un état de fatigue générale des masses auquel le rire de divertissement vient alors répondre en noyant toute essentialité. Ce rire de divertissement associé à Mickey chez

---

[108] Walter Benjamin, *Expérience et pauvreté* (1933), *in* : *Œuvres II*, Paris, Folio, 2013, p. 364.

Benjamin dans un lien à une pensée chimérique et fantasmatique serait possiblement ce piège du sommeil ou de l'inertie en présence dans les toiles d'araignées de Mona Hatoum, laquelle reprend très régulièrement l'usage du motif. Toujours est-il que l'objet en présence donne à recomposer l'image qui est à la fois ouverte, qui se fait aussi fragment, trace, indice ludique venant carnavaliser la représentation des violences et prédisposant le spectateur à expérimenter son regard singularisé, à le mettre au travail ; en ce sens l'objet appelle ce dernier à se faire conteur, au sens où l'entend Rancière son ouvrage, *Le spectateur émancipé*.

Mais l'œuvre est aussi une évocation de la violence qui sévit par le biais d'internet ; en effet, le jeu de mots (un Witz donc) réalisé avec la contraction des motifs » web » et « *bed* » illustrent ce propos. La condensation et le jeu d'esprit font effet ricochet de par la relation entre le titre lui-même également ludique et ironique et le dispositif de l'œuvre qui synthétise des éléments hétérogènes dont les connotations entrent en collision. L'idée du réseau est alors pensée comme une crise : crise du repos, crise de la tranquillité d'une part, règne d'une mécanisation insomniaque d'autre part, où s'accomplissent violences, crimes, trafics, atrocités. Quoi qu'il en soit, chez Mona Hatoum, c'est toujours bel et bien le corps qui est, par le détour de l'objet, atteint, touché, meurtri, « vulnérable », « précaire » pour reprendre un terme cher à Judith Butler. Or, Mona Hatoum ne cesse de composer avec cette vulnérabilité du corps ; elle écrit « je vois le meuble comme étant vraiment en rapport avec le corps. Il sert habituellement au confort et au support de celui-ci. J'ai fait une série de meubles qui sont plus hostiles que confortables[109] ». Et en effet, le « confortable » s'enfuit, glisse, s'échappe dans l'univers de l'artiste où le sens et le non-sens opèrent un carambolage de la cohérence, une collusion de la sensation circulant d'une pièce à une autre ; il y aurait ainsi comme une « force d'expansion du comique » pour reprendre Bergson œuvrant avec finesse et subtilité, se disséminant non pas avec la brutalité de la chute du clown, mais avec la discrète contagion, d'un objet à un autre, d'un effritement du sens toujours mis en jeu,

---

[109] Mona Hatoum, *in :* Guy Brett, Michael Archer, Catherine de Zegher, *Mona Hatoum*, Phaidon, 1997, p. 20 : *'I see furniture as being very much about the body. It is usually about giving it support and comfort. I made a series of furniture pieces which are more hostile than comforting.'* (Traduction libre de l'anglais au français : Marie-Luce Liberge)

d'une ironie constitutive de l'humour en présence où se cache le regard de l'artiste.

Cette brutalité de la maison qui se retourne contre la personne et contre le regardeur-spectateur, cette brutalité de l'objet personnel pour souligner le fil fragile de l'existence humaine par le fil de l'araignée, vient aussi évoquer la brutalité du monde ; mais l'œuvre ne prétend pas discourir : elle ramène là aussi à une identification universelle de laquelle se déploie à la fois une forme d'étrangeté mais aussi une éminente concrétude de l'objet même, laquelle opère dans la sensation, travaille le champ perceptif, et cela, encore une fois, sans pour autant s'enfermer dans un didactisme restreint. Car le regardeur-spectateur est amené à opérer un travail d'appréhension sensible, imaginatif et réflexif au contact de la dimension ludique du *Witz* mis en objet et en image qui forme et déforme, décompose et recompose, procure une forme de plaisir perceptif, mental et psychique. Là encore, la rhétorique opère, mais elle n'est pas univoque, elle s'ouvre à des possibles, engage un certain indécidable[110]…

Ballons de baudruche

Le ballon de baudruche est un objet lié à un sentiment de vacuité, de vide, de néant. Il renvoie à une pluralité d'allusions ; mais il relève aussi de l'axe vertical structurel du rire (mis en avant par les textes bakhtiniens) : c'est un objet que l'on pourrait aussi qualifier de carnavalesque dû notamment à son lien aux fêtes, à la kermesse, aux couleurs, aux excès, à la célébration. D'une certaine manière, c'est à la célébration du symbole que s'attaque l'artiste *Hanaa Malallah* avec l'usage du ballon de baudruche comme matériau organisateur de l'esthétique du rire. Avec sa vidéo intitulée *USA Flag*[111] et réalisée en 2013, l'artiste s'appuie sur le ballon de baudruche pour assoir son dispositif comique, parodique et symbolique. Sur un ballon blanc est peint le drapeau américain. La peinture est sèche mais son adhésion à la matière est très fragile. La vidéo montre l'artiste de façon floue au second plan de l'image, en contraste avec la netteté du ballon au

---

[110] La notion d'indécidable est abordée dans les ouvrages précédents. Nous nous appuyons sur la définition de Riout et Grojnowski, *Les Arts Incohérents et le rire dans les arts plastiques,* Paris, Corti, 2015.
[111] Vidéo disponible sur le lien suivant : https://player.vimeo.com/video/73562370

premier plan. Le petit film montre une action simple, il s'agit d'un geste répétitif, celui qui consiste à gonfler et dégonfler le ballon de baudruche. Il s'agit d'inscrire comme une respiration, un souffle. La répétition contribue à lancer un rythme jusqu'à ce qu'advienne un effet de chute ; ceci rappelle la dynamique de chute propre aux dynamiques circassiennes… Un épuisement du souffle et de l'image s'inscrit. Le drapeau évoque un poumon essoufflé, en bout de course. Au fur et à mesure que le ballon gonfle et se dégonfle, la peinture se décolle progressivement du support, jusqu'à ce qu'elle se détache presque totalement et que l'image ne présente qu'un éclatement de la représentation du symbole. Le résidu, à savoir le ballon dégonflé, comportant des traces de peinture rouge et bleu est conservé et constitue une autre œuvre, trace/vestige de la vidéo.

L'objet – qui rappelle *Souffles d'artiste* réalisé par Pierre Manzoni en 1960 – raille l'élégance de l'image du drapeau flottant majestueusement dans les airs. La vocation du ballon qui consiste à s'élever dans les airs est ici aussi rabaissée et dégradée sur le mode carnavalesque, le haut est ramené en bas. L'air du ballon renvoie à la vacuité du symbole national. Le symbole gonflé à la façon de la grenouille de La Fontaine, non pas jusqu'à éclater mais jusqu'à perdre son image. La vidéo désacralise de manière comique, là encore, le symbole relié à la politique hégémonique des États-Unis ; l'objet mis en scène de la sorte est bien sûr en lien à une posture satirique vis-à-vis de la politique menée en Irak dont les conséquences désastreuses continuent de s'inscrire sur les plans humanitaire, socio-économique et géopolitique, aux niveaux local, national et international.

L'action comporte également une forme de trivialité en produisant un bruit ressemblant à celui des flatulences ; cet aspect de la vidéo renvoie à la référence rabelaisienne. Bakhtine analyse de nombreux passages de l'œuvre de Rabelais en lien au rabaissement et à la dégradation scatologique de ou par l'objet ; l'analyse du célèbre « torchecul » en est un exemple. Mais pour Bakhtine, le rabaissement rabelaisien n'est jamais uniquement parodique ou satirique. Or, ici, la notion de charge et celle de portée satirique de l'œuvre allant à l'encontre du symbole national sont sans conteste, puisque le symbole se voit montré sous un jour radicalement dépréciatif et absurde. Hanaa Mallala semble, en outre, inscrire son travail dans le droit fil de l'un des axes forts de sa démarche ; ce qu'elle nomme « *Ruins*

Technique »[112] et qui consiste à dégrader les matériaux qu'elle utilise ; ici le ballon n'est pas véritablement détruit mais porté, par les gestes, à une forme de déchéance. Mais alors que le travail de l'artiste est habituellement surtout mélancolique, ici, il s'imprègne d'une forme de comique mêlée à cette dégradation satirique. La vidéo s'empare des caractéristiques plastiques et symboliques de l'objet pour esthétiser un rire à la fois loufoque, ironique, absurde et railleur. Mais ce rapport au souffle semble aussi relié à une action cathartique, le corps expulsé par le souffle, se relie à un acte de vie : figuration de l'organicité et action physiologique se rejoignent, sont scindées dans la forme. Le souffle de l'artiste, le souffle dans l'image peuvent se relier au rire (même intérieur) du regardeur-spectateur qui vit l'œuvre dans sa dimension rhétorique et satirique mais aussi dans sa dimension immédiatement perceptive.

Par ailleurs, *Usa Flag* peut être mise en résonnance avec la scène du globe dans *Le dictateur* de Chaplin ; la scène du globe est une scène puissante, à la fois comique et satirique, moquant l'impérialisme hitlérien, et qui joue sur la dimension ascensionnelle et la légèreté de l'objet. Celui-ci devient le support à la satire du tyran complètement possédé par sa soif d'hégémonie mondiale. De même, Hanaa Mallala joue sur la légèreté, le plein et le vide, la manipulation interactive à l'objet pour construire à la fois l'image, le risible, le propos ; là aussi il s'agit de tisser une évolution rythmique jusqu'à éclatement, évaporation ou dissipation de la vanité et de la vacuité toutes deux mises à l'index.

Dans un autre mode de figuration, mais toujours en lien au ballon de baudruche et à la notion de destruction de l'objet, l'artiste allemand Hans Hemmert a réalisé l'œuvre intitulée *German panther* en 2007. Hans Hemmert est un sculpteur et performeur qui, après avoir longtemps et principalement utilisé le plomb très longtemps, a changé diamétralement de matériau : il utilise depuis plusieurs années désormais de l'air au cœur de son processus de création. Il déclare : « [j]'aime l'air parce que ça a des implications quasi philosophiques, on croit que ce n'est rien mais ce n'est pas rien, c'est très léger c'est spirituel il y en a partout[113] ». *German Panther* est une référence directe

---

[112] http://hanaa-malallah.com/words/statement.html consulté le 12 mai 2014.
[113] Propos de l'artiste Hans Hemmert : *cf.* : la chaine franco-allemande Arte. voir aussi le lien suivant : http://www.dedeceblog.com/2010/03/13/art-level-design/

à la Seconde Guerre mondiale de par son titre qui mentionne le nom d'un tank allemand. L'œuvre consiste en la réalisation d'une sculpture d'assemblage figurant un char à taille réelle. Le matériau léger se substitue à la lourdeur et à la solidité du plomb de l'objet réel, de même que les couleurs, festives, multicolores, fantaisistes se substituent à la couleur classique et sombre des véritables tanks qui permettent le camouflage. Ici nul camouflage possible, juste une explosion joyeuse de couleurs qui discrédite l'engin. L'artiste déclare :

> La guerre, les cathédrales et les canons sont les symboles du pouvoir et de l'oppression. Quand ces formes visuelles sont faites de ballons colorés, on commence à sourire et à en rire.[114]

Mais si la dimension contemplative, bigarrée, carnavalesque ôte à l'objet tout sérieux, et en renverse la vocation, celui-ci est d'autant plus déconstruit que l'œuvre comprend un autre niveau que la seule représentation. Après avoir été exposée un moment l'œuvre entre peu à peu dans un processus de transformation ; avec le temps, les ballons sont amenés à se dégonfler. Comme si la déconstruction lente de la sculpture permettait une sculpture matérielle-immatérielle du temps lui-même, car inscrivant la réalité effective de son inscription, de son passage, de son effectuation sur l'œuvre. Le temps consiste à moquer la vacuité de la violence du char, en d'autres termes, sa vanité, mais il est aussi matériau à part entière, servant à éradiquer symboliquement un outil de la violence ; le temps travaillant à l'épuisement de celle-ci. Perdre la pesanteur, chercher la légèreté c'est ce que recherche la tonalité d'ensemble de la sculpture éphémère et ludique. Ce rapport temps/légèreté de plus, ramène, là encore, à la vacuité qui se vide d'elle-même ; le dispositif amène à un essoufflement dans le temps de la puissance de l'engin, il est mis en parallèle à ce qui sous-tend la condition humaine, à savoir que tout passe, même le pouvoir lié à la force armée, qui, face au temps et à l'éternité, se fait risible.

Mais une troisième étape a constitué le dispositif, puisque le temps n'a pas été le seul acteur de cette la destruction de l'objet, et puisque l'œuvre comporte une dimension relationnelle au sens où l'entend Bourriaud[115] : des enfants ont été invités à jouer avec l'engin

---

[114] http://www.dedeceblog.com/2010/03/13/art-level-design/
[115] Nicolas Bourriaud, *Esthétique relationnelle*, Les Presses du Réel, Dijon, 2001 [1998].

puis et à le démolir. Les enfants peuvent laisser libre cours à leur besoin de défoulement tout autant qu'ils sont sensibilisés, sur le plan éducatif et pédagogique, aux questions de violence et/ou d'Histoire ; la transmission passe par la couleur et le jeu, le collectif et la dimension éphémère de l'objet. La dégradation, le rabaissement carnavalesque ne sont alors ici plus des images, des métaphores ou des mots, ils s'incarnent dans un acte collectif, par un geste de régénérescence qui libère une énergie vitale, une force de vie corporelle et ludique, rappelant l'esprit du « caractère destructeur » benjaminien.[116] Le rire et l'aspect ludique de l'objet en présence convoquent cet aspect positif du caractère destructeur ; et ce faisant, il n'est pas loin, là encore, de la dégradation carnavalesque théorisée par Bakhtine où la destruction vient rabaisser, dégrader, pour opérer une rénovation et une régénérescence des représentations, des symboles, des forces, appelant de nouveaux devenirs dont la multitude, dans sa force de vie, peut se saisir... La bigarrure et l'aspect bariolé du char s'accordent en ce sens à la vocation même de l'objet qui, non seulement, distancie la violence, mais active un processus de transformation.

---

[116] Walter Benjamin, *Œuvres II, Le caractère destructeur*, Paris, Folio, 2013, pp. 330-332.

3ème moment

Rire des armes

Chapitre 6

Distancier les armes

C'est dans l'espoir de voir naître d'autres règles du jeu que, dans un poème intitulé *Longévité*, Michel Butor se demande :

> Combien de temps me reste-t-il ? / Bien malin qui pourrait le dire / Pour espérer d'apercevoir / Débuts de cicatrisation / Toutes les armes aux musées / Mondialisation sans massacre / Conversations entre les langues / L'archéologie du futur.[117]

Les vers de ce poème sont empreints de l'humanisme de leur auteur qui rêvait d'un monde meilleur. Nombre d'auteurs, d'artistes, de réalisateurs ne cessent de mettre régulièrement au cœur de leurs questionnements et de leurs productions[118] la thématique des armes à feu. Dans son article, intitulé « Le peuple qui manque », Anne-Lise

---

[117] Poème paru dans la revue Europe et mentionné dans un article de Claire Devarrieux paru dans le journal Libération du 26 août 2016.

[118] Harun Farocki, par exemple, avec *Nicht Löschbare s Feuer*, réalisé en 1969, questionne dans un dispositif rhétorique teinté d'ironie, le processus de fabrication du napalm, mettant en avant l'aberration du système de production et sa finalité. En 2002, Mickael Moore, avec *Bowling for Columbine* interroge la réalité des meurtres par armes à feu aux Etats Unis, après la fusillade de jeunes adolescents dans un lycée de Columbine en remontant jusqu'à la National Rifle Association (NRA) l'un des Lobbys les plus puissants défendant l'usage des armes à feu et présidé alors par Charlton Heston ; là aussi, l'ironie, l'humour noir dominent la tonalité d'ensemble et révèle l'aberration du soutien, de la circulation, de la vente, de l'usage des armes à feu.

Large écrit que « l'art n'aime pas les armes[119] » ; l'art construit tout de même celles qui lui sont propres car « le rire et la plaisanterie sont des armes[120] » comme peut le formuler Jules Bourque. « Plus précisément – ajoute ce dernier –, ils sont des moyens très efficaces de détruire le sérieux de ses adversaires, si besoin est[121] ». Le rire de l'objet peut relever d'une conduite poétique qui déconstruit les armes et construit les siennes propres ; il peut élaborer un « pas de côté » esthétique et critique et souvent aussi un décalage subversif de la forme et de la perception que celle-ci engage : car le risible, l'absurde, l'ironie, le jeu viennent surprendre le regardeur-spectateur. Et la surprise, l'inattendu, l'étonnement, comme le rappelle Kristeva invitent à la pensée ; le rire incitant à une pluralité de regards et d'appréhension de l'objet, de la violence, de l'Histoire. Le rire de l'objet qu'est l'arme parodiée, renversée, raillée ou désanoblie, est armé sans l'être ; il se fait un miroir inversé, déformant et déformé, kaléidoscopique et complexe de la violence, ceci aussi, tendant à rendre l'objet utile face à la violence en objet ludique à expérimenter, à contempler, à penser, à jouer, à moquer… Nombre d'artistes représentent les armes et les mettent en jeu, ils les détournent avec un humour distanciateur et une rhétorique ironique, ils pointent aussi un sujet éminemment politique. Là aussi, l'objet succède à une tradition iconographique précise puisqu'au XVIIIème et au XIXème siècle les peintres, les dessinateurs, les caricaturistes en particulier, se penchent sur leur représentation. Les armes peuvent aussi devenir objet de fascination pour qui les trouve esthétiques ; c'est aussi ce type d'appréciation et d'approche de l'objet que les artistes questionnent ou renversent.

Matériaux alimentaires

L'artiste Kata Legrady[122] est née en Hongrie en 1974 ; elle a été membre des Jeunesses communistes où elle y a appris, enfant, à manier les armes à feu. La chute du mur de Berlin marqua un tournant dans son histoire puisqu'elle découvrit, à ce moment-là, les

---

[119] Anne-Lyse Large, « Le peuple qui manque », *in* : *Biennales d'art contemporain, Œuvres et frontières*, Eric Bonnet (dir.), Paris, L'Harmattan, 2016, p. 93.
[120] Jules Bourque, *L'humour et la philosophie ; De Socrate à Jean-Baptiste Botul*, Paris, L'Harmattan, 2010, p.50.
[121] *Idem.*
[122] Peter Weibel, *Kata Legrady: Smart Pistols*, Berlin, Distanz Verlag, 2014.

influences du monde extérieur, où l'enfance se révélait alors à elle avec une tout autre définition, ainsi que la profusion et le divertissement propre au monde capitaliste ; cette collision d'une surabondance insouciante à l'austérité du communisme, celle des lois libérales à la rigidité totalitaire, celle enfin d'une surprofusion et d'une surproduction superficielle des biens à la restriction propre à la vie du bloc de l'Est peuvent se ressentir dans son travail. Toute l'œuvre de Legrady est imprégnée de ces événements : à la chute du mur de Berlin en 89, elle découvre aussi les bonbons et le chocolat, et notamment les bonbons : elle est alors surprise à la vue de leurs couleurs, à leur aspect, mais aussi à leur goût. Ces bonbons, liés à un sentiment d'enchantement, sont empreints d'une esthétique joyeuse qui marque un commencement nouveau et par laquelle l'artiste reste marquée.

Le mode de figuration de l'artiste est, au regard de cela, intéressant car il semble resté coincé entre deux mondes : celui de l'enfance justement, naïf, insouciant, léger, d'une part, et celui d'une brutalité, menaçante et obsessionnelle : car Kata Legrady produit des objets (et des images) sur un mode presque monomaniaque, où la répétition des procédés semble opérer comme une sorte d'épuisement de la forme et comme une sorte de *catharsis*. Cette profusion d'un même motif et d'un 'même faire' par ailleurs, celui de détourner des armes sur des modes similaires, dans un geste qui traduit une démesure, semble répondre à un autre excès, celui des privations de l'enfance dans le contexte d'un pays régi par une conception criminelle du communisme. L'enfance reste donc plus qu'une thématique prégnante dans les travaux de l'artiste puisqu'elle installe les images et les objets, et les images des objets (qui sont souvent des armes), dans un mode de représentation naïve où s'insèrent une forme de kitsch et un sentiment d'ambiguïté (plaisir/déplaisir, menace/séduction, morbidité/élan vital). *Government (multicolore-mini)* est une sculpture[123] qui fonctionne précisément sur ce mode ; il s'agit d'un révolver agrandi et carnavalisé, bariolé, bigarré à la façon du costume d'Arlequin. L'objet semble célébrer, par la couleur, une sorte de fête macabre... L'artiste reproduit le dispositif de façon sérielle ; la répétition est ici le moyen rhétorique de renforcer la drôlerie et l'humour, la satire et l'ironie mais aussi d'engendrer un malaise. La répétition peut aussi faire écho aux

---

[123] Dimensions de l'œuvre : 114,2 cm x 21,9 cm x 4 cm.

analyses de Freud pour qui : « [l'enfant] rencontre des effets de plaisir qui résultent de la répétition du similaire, du fait de retrouver le connu, d'une homophonie, etc., et qui s'expliquent comme étant des économies insoupçonnées en matière de dépense psychique. »[124] Cette répétition, qui anime donc un plaisir psychique et ludique éprouvé et traduit par l'artiste, peut faire miroir dans la réception du regardeur-spectateur. La répétition est aussi liée à l'usage de l'ironie dans les travaux de Brecht et en particulier dans ses albums légendés d'épigrammes. Car la répétition agence un montage qui scande un rythme. Brecht fait d'ailleurs de la répétition, non seulement une figure de style qui vient alimenter son humour noir, mais aussi une posture, un devoir politique ; il écrit :

> Beaucoup disent, la pluie d'hier ne peut nous mouiller. C'est cette apathie qu'il nous faut combattre. Répétons sans cesse ce qui fut dit mille fois déjà, pour ne pas l'avoir déjà dit une fois de moins qu'il ne faut ! renouvelons nos avertissements, même s'ils nous laissent un gout de cendre.[125]

Évidemment, l'œuvre de Legrady n'est pas brechtienne à proprement parler, mais le travail de la répétition de son dispositif montre ce qui fut montré « mille fois déjà » ; par ailleurs, la distanciation opère de façon brechtienne ; avec ces bonbons colorés collés, elle « montre qu'elle montre ». Le travail se fait, de plus, à la fois reflet de la répétition du réel d'une part, mais aussi travail d'épuisement de l'image par sa répétition saturée. La répétition du dispositif, puisque l'artiste reprend de façon obsessionnelle ce dispositif, renvoie à l'absurdité répétitive des violences. Les points de couleur se retrouvent sur des armes de différentes tailles et de différents modèles... Le modèle se retrouve épuisé, vidé, à la façon des œuvres de Warhol là encore. Mais ici, la nouvelle icône, le nouvel objet de désir, c'est la violence elle-même, c'est-à-dire une libération pulsionnelle qui engage ou permet une toute puissance.

L'usage du bonbon ou du sucre pour habiller la forme, la travestir et/ou la transformer n'est pas sans rappeler le célèbre conte d'*Hansel et Gretel*, conte populaire réuni par les frères Grimm en 1812

---

[124] Sigmund Freud, *op. cit*, p.230.
[125] Bertolt Brecht, *ABC de la guerre*, cité *in* : Didi-Huberman, *Quand les images prennent position*, Paris, Minuit, *op.cit.*, 2008, p.160.

avec d'autres histoires célèbres dans un ouvrage intitulé *Kinder und Hausmärchen* (*Enfants et contes de fées*) ; l'histoire raconte que les deux enfants se perdent dans une immense forêt et finissent par trouver, plein d'émerveillement, une improbable maison faite de pain d'épices et de sucre ; mais celle-ci appartient à une sorcière anthropophage qui attire et piège les enfants à l'aide de cette maison aux couleurs chatoyantes pour ensuite les capturer et les dévorer…

Périssable & monumentalité

Le matériau alimentaire se retrouve aussi dans *Warning*, une œuvre de Sharareh Khosravani. Sharareh Khosravani[126] est une artiste iranienne implantée aux États-Unis et dont le travail est protéiforme ; l'artiste, qui réalise des performances, travaille aussi l'illustration, notamment pour enfants, et se consacre également à la réalisation de peinture, d'installations, de sculptures. Avec *Warning*, une sculpture monumentale réalisée à partir de milliers de boules de fromages apéritifs qui représentent un pistolet, Sharareh Khosravani fait notamment référence d'une part, au double attentat à la bombe survenue le lundi 15 avril 2013 près de la ligne d'arrivée du marathon de Boston, d'autre part, aux fusillades qui ont lieu dans les écoles aux États-Unis. Elle déclare :

> J'ai voulu ajouter une dimension humoristique au danger. Ce travail trouve en partie son origine dans les attentats du Marathon de Boston et les récentes fusillades dans les écoles [aux États-Unis] qui font fait réfléchir à la façon dont la violence affecte les enfants aujourd'hui.[127]

---

[126] *Cf.* le site de l'artiste : http://shararehkhosravani.com/?page_id=645
[127] Propos de l'artiste cités par Justin Crowe dans son article du 17 novembre 2014 pour Design Faves : « *I hoped to add a dimension of humor to the warning. In part this work came about because of events such as the Boston Marathon bombing and recent school shootings that made me think about the way violence affects children today. We want to believe that schools are safe places and children are innocent, but sometimes that safety is only an illusion. You may feel safe even when you are actually in the line of fire.* » ; Traduction libre de l'anglais au français : Marie-Luce Liberge, *cf.* : https://www.designfaves.com/2014/11/this-gun-made-of-cheese-puffs-carries-a-powerful-message

L'humour de l'objet réside dans sa monumentalité, dans le matériau friable, dans l'odeur. La violence est alors ramenée aux sens : odeur, gout, texture ; ne manque plus que le bruit. À moins qu'il ne survienne dans l'espace de la galerie, par les paroles, les échanges, mais aussi par le bruit des pas des visiteurs, écrasant au sol, les boules de fromage répandues ici où là... Là encore, c'est le matériau qui vient carnavaliser l'arme. Là aussi, l'image est renouvelée, déplacée par le matériau, par le caractère monumental et gargantuesque de la sculpture qui devient insaisissable, trop grande pour qu'une main puisse la manipuler, trop friable également, puisque les boules de fromages dégringolent de part et d'autre de l'œuvre et se répandent dans l'espace de l'exposition, au risque de se voir piétinées par le public, c'est-à-dire au risque d'être détruites... La sculpture est donc l'objet d'une double menace, l'effritement (ou le pourrissement ?) dans le temps, les pieds des spectateurs-regardeurs pouvant peut-être, au lieu de consommer des chips d'apéritif servies lors des vernissages là aussi, actionner une action cathartique... Une autre lecture peut être avancée : celle du lien entre l'arme monumentale et l'idée du vernissage : en introduisant un objet ironique ou tragi-comique, l'artiste amène, dans l'espace du musée les réalités géopolitiques américaines.

Humour relationnel

C'est dans un autre registre formel, mais aussi à partir du matériau alimentaire, que Tsuyoshi Ozawa élabore et déconstruit des armes ; plus précisément, il met en œuvre l'esthétique d'un humour que l'on peut qualifier de relationnel. En 1999, Tsuyoshi Ozawa avait déjà travaillé avec la nourriture et/ou l'alimentaire comme matériau principal mis au cœur de l'œuvre, avec son projet intitulé *Museum of Soy Sauce Art* ; le dispositif consistait en la réalisation de reproductions de grands chefs-d'œuvre de l'histoire de l'art avec de la sauce de soja. Ici, l'aliment sert de matériau à la reproduction d'armes. *Vegetable Weapon* implique un protocole qui mène à la réalisation de photographies parodiques de modèles féminins portant des armes réalisées avec des légumes. Les photographies sont volontairement stéréotypées et ironiques : il s'agit de déconstruire un modèle. Les images pourraient, bien sûr, immédiatement évoquer un lien aux œuvres d'Arcimboldo, à la différence que le peintre fait des légumes les matériaux de ses portraits : légumes et visage sont condensés d'où l'humour qui se dégage de ses toiles. Mais l'œuvre de Tsuyoshi Ozawa procède tout autrement puisque *Vegetable Weapon* est surtout animé par un dispositif protéiforme, relationnel, participatif, incluant itinérance, répétition, parodie, destructivité de l'objet métaphorique, partage, humour... Tsuyoshi Ozawa a commencé à réaliser le projet en 2001 (par la suite les œuvres réalisées seront exposées au Misa Shin Gallery). *Vegetable Weapon* est un projet plastique à dimension satirique car l'arme est raillée, dégradée, rabaissée, détruite ; mais plutôt que de charger sur le mode de la caricature ou du procédé satirique, il est question de décharger l'objet de sa violence, c'est-à-dire de le vider totalement des signes qui l'attachent communément à sa représentation.

Le projet *Vegetable Weapon* consiste ainsi d'abord à réaliser des photographies suivant un protocole précis qui se veut toujours le même et qui est le suivant : Tsuyoshi Ozawa voyage et se rend dans une ville, au Japon ou ailleurs dans le monde, car le projet est itinérant, il procède au choix d'un modèle dans la rue ; il s'agit d'une personne rencontrée au hasard. Il lui demande de réaliser soit le plat spécifique de sa ville, soit son plat préféré. Il se rend au marché avec le modèle pour effectuer l'achat des produits alimentaires qui serviront à la réalisation d'une fausse arme à feu en légumes. Il réalise des photographies de son modèle posant de façon stéréotypée et parodique, avec l'arme à feu en matériau de légumes. L'artiste, ensuite, dézingue l'arme ; en ce sens, il y a destructivité et éclatement activé dans l'esthétique humoristique de l'objet. Puis, il cuisine un repas avec son modèle (qui est aussi hôte et en quelque sorte co-créateur de l'œuvre).

Enfin, dans une dernière étape, le repas est partagé ; l'objet est prétexte à créer du lien, sensibiliser à un discours militant contre le port d'arme et contre les armes à feu ; à l'esthétique de l'arme à feu, rigide, hostile, métallique, noire s'oppose le matériau coloré, organique et vivant des légumes. L'œuvre est pleinement relationnelle au sens où l'entend Bourriaud[128] : elle induit du partage, du lien, de la relation. L'œuvre n'est pas uniquement présentation ou représentation d'un objet, elle actionne une dynamique de rencontre et de partage et elle œuvre sur le plan sensible. Il y a, dans le dispositif de cette construction-déconstruction de l'objet quelque chose qui

---

[128] Nicolas Bourriaud, *op. cit.*, p.41.

touche à l'énergie, au rire et à la conception de l'art dadaïste où l'art et la vie entretiennent des liens plus que poreux. Tristan Tzara déclare :

> Nous ne voulions pas de distinction entre la vie et la poésie ; notre poésie était une manière d'être.[129]

À sa façon Ozawa casse aussi les frontières. Il imagine un art vivant qui prend place dans une efficacité sensible au réel, parmi les autres. En effet, un temps d'échange réunit les gens autour d'un repas ; or le repas est un espace-temps consacré au plaisir de vivre et d'être ensemble, c'est un espace-lieu de la rencontre, de la parole, de l'écoute, de la suspension du cours des choses, c'est une sorte d'intermède. Le repas, par ailleurs, n'est pas sans faire référence au banquet antique, ou bien au banquet carnavalesque, notamment largement présent chez Rabelais : tout le carnavalesque populaire est habité, en effet, de cette dynamique du manger et du boire. Bakhtine, dans son ouvrage sur Rabelais et le carnavalesque, consacre tout un chapitre au banquet relié à l'esthétique du comique. Pour l'auteur, le banquet se rapproche d'une pratique de la joie. Il écrit :

> Tristesse et manger sont incompatibles (tandis que la mort et le manger sont parfaitement compatibles). Le banquet célèbre toujours la victoire, c'est un trait propre à sa nature même. Le triomphe du banquet est universel, c'est le triomphe de la vie sur la mort[130].

Le banquet est entendu par Bakhtine comme une « rénovation ». Or, il y a, dans le dispositif humoristique d'Ozawa, quelque chose de l'ordre de la rénovation, qui annule la morbidité de l'objet, ou plutôt la transforme, s'en nourrit physiologiquement et spirituellement. Ce « principe de la nourriture sur lequel repose le monde entier » – selon l'expression de Goethe [131] – évoque le partage, la fête, les sens, le plaisir, mais il évoque aussi un lien à la transformation, un lien aux lois fondamentales et organiques de la vie, un lien à la nature, un lien à la répétition, aux cycles, aux passages. Il rejoint aussi, en ce qu'il est lié à l'organique/à la nature, la dynamique du *Witz* selon la définition de Schlegel pour qui le *Witz* est relié à des

---

[129] Laurent Chollet, *op. cit.*, p.31.
[130] Mikhaïl Bakhtine, *op.cit.*, p.282.
[131] Goethe cité par Bakhtine, *in* : Mikhaïl Bakhtine, *L'œuvre de Rabelais…*, *op.cit.*, p.277.

forces naturelles, et nourri au mouvement, aux entrelacs, à la fantaisie, que les forces universelles et chaotiques du vivant induisent. La destructivité, les éléments hétérogènes et la fantaisie comique que fabrique l'œuvre se connectent à l'identité même du *Witz*. *Vegetable weapon* n'est pas un *Witz* à proprement parler mais l'œuvre rejoint l'élan du *Witz* selon la vision du terme par Schlegel, elle distribue, par les forces de l'humour, une régénérescence ; elle engendre une germinalité poétique inversante et renversante, telle que la permet la forme carnavalesque analysée par Bakhtine.

Chapitre 7

Circularités

Witz & Condensation

C'est aussi à la matière et au corps que réfère, par son arme, Noah Scalin. Mais ici il n'est pas question d'humour joyeux ni de repas ; il est question d'élaborer un objet macabre. En lien à la condensation sur le mode du *Witz* ; un *Witz* qui fonctionne avec immédiateté, force rhétorique et ironie. L'œuvre[132] de Noah Scalin, *Anatomy of War : Smith et Wesson* représente une arme où les contraires sont également mis en jeu. A l'intérieur d'un révolver représenté de profil et ouvert, des boyaux sont figurés. Un humour noir grinçant et dénonciateur anime l'œuvre. L'objet opère une synthèse d'éléments contrastés et deux rapports d'opposition alimentent le jeu d'esprit : l'inerte/l'organique, les organes vitaux/l'arme rendent l'objet éminemment ironique. Le corps, vu ici dans sa dimension interne, impressionnante, physiologique mais aussi parcellaire, morcelée et métonymique rappelle au caractère morbide des armes à feu, à leur conséquence tout simplement destructrice, mortelle, immédiatement saisissable à la vue de l'objet. L'humour est ici d'autant plus noir que les organes sont représentés de façon extrêmement réaliste. L'objet suscite ainsi un sentiment de dégout, de rejet, d'abjection ; ceci est le pendant contraire au sentiment de fascination pour les armes que ressentent certains amateurs et détenteurs d'armes à feu. Néanmoins,

---

[132] https://www.noahscalin.com/anatomyofwar1

l'objet est tout à fait réalisé de façon à procurer au spectateur-regardeur le plaisir formel du langage condensé. Ce plaisir est bien sûr toutefois composite et nourri de la contrariété inhérente au motif en présence. L'objet s'inscrit là aussi dans le droit fil de l'humour noir dont la particularité consiste bien à rendre visible et intensément perceptif le caractère choquant ou brutal du réel tout en aménageant une interactivité perceptive ludique. L'horreur et le jeu s'associent, la monstration choc et la distance se scindent, l'esprit critique et l'amusement vont de pair, le dégout et le plaisir s'associent. L'objet, enfin, cristallise l'idée que celui qui tue et celui qui est tué sont imbriqués, enchevêtrés, intrinsèquement reliés ; il y a, ainsi, l'idée d'une circulation ironiquement inscrite, qui n'est pas uniquement reliée à la répétition de la violence mais à la répétition des conséquences. Ron Ulicny élabore quant à lui une arme détournée et mise en jeu. L'œuvre qui est une sculpture s'intitule *Murder Ballad* et fut réalisée en 2011. Le dispositif là encore relève de la condensation du *Witz*, met en collusion les contraires. L'œuvre scinde deux objets en un seul. Une carabine se voit hybridée à une trompette. L'objet associe l'agressivité et la solidité de l'arme au caractère réconfortant de la musique, à la fragilité de l'instrument. Là encore, un jeu d'esprit se dégage de l'objet qui fait allusion à la violence dans sa répétition, dans sa ritournelle, dans son éternel retour. La violence est perçue comme un rythme qui renvoie l'être humain à la fatalité du mythe de Sisyphe. Le sujet historico-politique se fond dans celui de la condition humaine. Avec *Murder Ballad*, l'artiste construit également un effet risible à plusieurs endroits : dans le titre de l'œuvre[133] et dans l'objet lui-même, qui se veut incongru. L'objet peut aussi rappeler les pratiques de l'instrument à vent lors de la chasse. Mais il peut évoquer pire encore : parce qu'il peut aussi faire allusion aux fanfares organisées par les nazis avec les détenus et qui avaient lieu dans les camps de concentration et/ou d'extermination en 39-45. La musique y était alors l'infernal ornement des fêtes célébrant ouvertement les massacres. Mais l'objet n'est pas aliéné à cette occurrence ; paradoxalement, il n'est pas totalement morbide. L'agencement laisse l'instrument de musique prendre plus d'espace que la carabine qui se voit déformée et détournée. L'œuvre est ainsi à la fois comique et tragique et renvoie en cela à l'une des définitions de l'ironie formulée par Jankélévitch et que l'on a vu en amont : une ironie tragique et

---

[133] Matériaux divers ; dimensions de l'œuvre : 6.25 cm x 4.5 cm x 6 cm.

comique[134]. Et en effet, l'objet d'Ulicny porte le balancement des deux tonalités scindées. Elle porte en cela une forme d'indécidable[135]. en ce sens que l'objet est animé d'un mouvement oscillatoire interne où les signifiances animent une dynamique composite non fixe.

Symbole mathématique

Cette pensée de la répétition, et celle de la circularité en particulier exprimée avec ironie se retrouvent dans l'œuvre[136] de Mona Hatoum intitulée *Infinity*. Le dispositif consiste en la répartition de petits soldats en bronze sur un tabouret : là encore, la thématique de l'assise, du mobilier est travaillée par la plasticienne, de même que le thème de l'enfance et de la violence sont également évoqués simultanément. Non seulement la circularité se trouve ici à proprement parler dans la forme, c'est-à-dire matériellement, visuellement dans la courbe elle-même propre à la forme, mais elle se trouve aussi : d'une part, dans le fait que chaque soldat en poursuit un autre en brandissant une arme sur le soldat qui le précède : la menace est répétitive ; la circularité de la menace fonctionne symboliquement sur le modèle du système de chute des dominos ; d'autre part, dans le fait que le trajet de ces petits soldats représente le signe mathématique de l'infini.[137] La dynamique de l'ironie s'inscrit bien, là encore, dans celle du jeu d'esprit où la violence évoquée implique une coexistence du plaisir de déchiffrement de l'inscription visuelle en présence. Le concept mathématique et l'idée plutôt majestueuse, mystérieuse et poétique de l'infini sont ici décalés. C'est aussi là que réside d'ailleurs l'inscription ironique du travail. La pensée de l'infini renvoie à la répétition inlassable des violences par armes à feu révélées à leur absurdité. L'infini est en fait le vide de sens qu'induit la circularité de la répétition de la violence. Par ailleurs, les petits soldats sont en quelque sorte réifiés. Ils passent dans la figuration que propose le dispositif, du statut de personnage à celui d'objet : un objet abstrait ici matérialisé par le dispositif : le symbole mathématique. Celui-ci

---

[134] Vladimir Jankélévitch, *op. cit.*, p. 133.
[135] Marie-Luce Liberge, *Esthétiques du rire et violences de l'histoire*, *op.* cit., p. 124.
[136] Œuvre en bronze, dimensions : 61 cm x 34.5 cm x 34.5 cm.
[137] *N.B.* : signe – qu'on appelle aussi le lemniscate – inventé par le mathématicien John Wallis en 1655.

semble inclure l'humain dans la composition mathématique du monde, aspiré dans le déterminisme de sa nature destructrice que seule la conscience, dont le mouvement ironique fait partie, peut rendre à sa liberté et à la pratique de son libre arbitre. L'objet provoque deux effets simultanés : un effet réflexif, celui qui porte sur la conscience, la critique, la mise en relation intellectuelle que l'installation suscite ; et un effet qui relève de la perception psychique et mentale de l'objet lui-même qui implique le plaisir de sa lecture. Tout en élaborant une forme inattendue, l'artiste répète le réel déjà existant qu'est le symbole mathématique de l'infini et que le regardeur s'emploie à reconnaitre. Cet usage de la répétition peut faire écho aux analyses de Freud sur le mot d'esprit, ce dernier écrit :

> Que la rime, l'allitération, le refrain ainsi que d'autres formes littéraires de répétition de sonorités verbales similaires exploitent la même source de plaisir, à savoir le fait de retrouver le connu, voilà qui est également universellement reconnu.[138]

L'œuvre peut aussi entrer en résonance avec le dessin de Willem intitulé *N'oublions jamais*[139] réalisé en 1985 en mémoire de la déportation de son père et en lien à l'occupation allemande. Là aussi, l'idée de la menace du soldat par son semblable est signifiée : l'œuvre énonce une menace en miroir et l'idée que le fait de menacer l'Autre c'est aussi se menacer soi-même ; – en cela il y a corrélation avec l'œuvre d Scalin, *Anatomy of War : Smith and Wesson*. Dans l'œuvre de Willem, là aussi, il y a l'idée que les corps sont réifiés, ils constituent un cercle morbide où la mécanisation des attitudes répétées dans le cercle de la continuité élude toute liberté, enferment les sujets dans la ronde de la violence. Mais tandis que Willem figure des soldats statiques, Hatoum inscrit un mouvement, celle de la marche de ses soldats qui cheminent successivement dans un absurde innommable et que l'ironie met en exergue.

---

[138] Sigmund Freud, *op. cit*, p. 230.
[139] *N.B. :* du même titre que sa bande dessinée et que le film *N'oublions jamais – Lest We Forget* réalisé par Léonce Perret aux États-Unis, sorti en 1918 sur la guerre de 14-18

Chapitre 8

Le travail de Legrady

Sens multiples

Revenons sur le travail de Legrady : avec l'œuvre intitulée *Cheval à bascule*,[140] là encore, le mode de construction de l'objet repose sur le principe du *Witz* impliquant la condensation comme méthode de formulation paradoxale. Un révolver et un cheval à bascule en bois pour enfant fusionnent ; les deux objets n'en font plus qu'un. L'arme est condensée avec un jeu. La réalisation de l'objet procède de ce que Freud nomme, entre autres nombreuses techniques de *Witz* – une « unification[141] », c'est-à-dire un mode de condensation où la phrase – ou bien l'objet – construit un « réseau de relations insoupçonnées[142] » : ici, entre autres, sont réunis deux univers clairement apparents, l'enfance et la violence par lesquels un jeu d'opposition fort se voit dessiné auquel se surajoutent des images possibles. Si, comme le formule Freud « les mots sont un matériau avec lequel on peut faire toutes sortes de choses », de même les images et les objets permettent d'élaborer de façon infiniment variée l'évocation du réel, et en l'occurrence celui de la violence de l'Histoire par le rire. Mais encore une fois, il y a une variation très nette d'effets

---

[140] Matériaux de l'œuvre : sculpture, bois ; dimensions de l'œuvre : 80 cm x 124 cm x 39 cm.
[141] Sigmund Freud, *op. cit.*, p. 167.
[142] *Idem.*

produits entre la perception que génère un mot et celle que génère un objet, surtout lorsque celui-ci est fait œuvre. Car un mot n'est toujours qu'un moyen de figurer une chose sur le mode de la mentalisation de celle-ci tandis qu'un objet amène à la perception tangible d'une forme, d'un agencement, d'un matériau, voire de son odeur. Si les mots permettent d'entendre ce « réseau de relations insoupçonnées » – comme le formule Freud – où le matériel en présence amène un faisceau de directions du sens inattendues et multiples mais lisibles, l'objet ouvre davantage le rapport aux sens multiples, rend la lecture à la fois signifiante et indécidable[143], elle place le *Witz* dans un ' entre-deux ' possible du sens et du non-sens ou bien du sens adjoint à un sens plus ouvert. L'objet dialectise mais la plupart du temps produit, amène, invite d'autres images. Le mot entre aussi plus étroitement en lien à la subjectivité projective du regardeur-spectateur, et de par sa dimension concrète, il travaille et sollicite autrement la perception, amenant l'intervention de tout le corps dans un espace donné face à l'objet.

Ici, Legrady agrandit la taille du révolver ; ce jeu des dimensions où l'arme devient disproportionnée et inutilisable serait autrement traduit par le langage verbal. Si Freud insiste sur l'immédiateté propre à la condensation du *Witz* verbal, celle-ci est autrement plus rapidement formulée dans l'image et dans l'objet ; mais alors que le langage diffuse la multiplicité des sens ou invite à les dissoudre par le non-sens, l'objet peut dialectiser, multiplier le sens, mais aussi, en plus, créer d'autres images, qui, par effet de ricochet, apportent un indécidable ou bien d'autres lignes de fuites significatives ; ceci fait ainsi opérer un rire à la fois net et étoffé d'une possible opacité. Comme si l'objet pouvait à la fois esthétiser le jeu d'esprit humoristique et en effriter les contours pour donner place à un autre mode de distribution des significations. Dans l'objet en présence, la condensation opère cette distribution du sens multiple, tout comme elle permet que s'invitent d'autres images. Cette condensation de la dangerosité avec l'univers insouciant de l'enfance distancie et rapproche. *Cheval à bascule* se situe dans le droit fil de la plupart des objets envisagés dans le présent chapitre, c'est-à-dire dans une ambivalence qui met en résonnances les contraires et trouve un chemin de monstration singulière de la violence. La plupart des objets que nous avons vus jusqu'à présent comportent une force rhétorique

---

[143] Marie-Luce Liberge, *Esthétiques du rire et violences de l'histoire, op. cit.,* p 124.

qui anime un jeu dialectique. De plus, l'objet décale complètement deux objets en les fondant ensemble ; l'arme est à la fois dangereuse et déchargée de sa brutalité, le jeu pour enfant reste un jeu mais symboliquement il est imprégné, animé ou habité d'un sentiment de menace. Si la violence est aussi raillée laissant supposer l'être violent resté au stade de l'enfance ou proche d'un stade psychique immature ou régressif, l'objet laisse entendre également que c'est l'enfance qui est menacée et amenée très tôt à la violence. Legrady crée d'ailleurs aussi des images, d'autres œuvres, directement et explicitement reliées à la problématique des enfants soldats.

En outre, le rapport au matériau construit aussi la perception ; l'usage du bois renvoie aux objets anciens, il interfère la matière et le mode de production standardisé où tout est en plastique et coupé de la sensation d'un matériau authentique naturel ; la répétition du motif qu'est le révolver au sein de la production de l'artiste est saisie dans un double élan de saturation par la répétition du motif, et de singularisation par le caractère brut, simple, travaillé du matériau qui rompt avec le mode de fabrication industrielle. Or, le rapport à l'ironie et à l'humour se voit enchevêtré à ce jeu d'effets lié au matériau. Si le rire n'est pas intensifié, il est alors enrichi, et entremêlé à d'autres ramifications significatives. L'œuvre touche, de plus, aussi, à une énergie carnavalesque au sens où Bakhtine peut l'entendre et particulièrement pour cette œuvre ; alors certes, ici l'objet ne relève pas d'une énergie joyeuse uniquement et qui serait amenée à inscrire un travail de régénérescence par l'œuvre, comme c'est le cas du carnavalesque rabelaisien selon les théories de Bakhtine. Mais l'objet met en présence des énergies contraires, celle de la vitalité et de la morbidité, de la naissance et de la mort, de la pulsion de vie et de destructivité, un double mouvement intrinsèquement relié au carnavalesque.

Si *Cheval à bascule* associe l'enfance à la violence, l'œuvre fait aussi jaillir des images, celles, stéréotypées associées au western induisant la figure du 'cow boy' qui réfère à l'Histoire et à sa violence, et qui impliquent aussi un modèle : modèle de posture, d'apparence, d'allure, modèle lié à une machine de production des désirs, modèle culturel, modèle de pensée et mode d'être au monde basé sur une forme d'héroïsme et de virilité clichée (ce qui nous renvoie à Todd Shepard et à son ouvrage *Mâle Décolonisation l'homme arabe et la France, de l'indépendance algérienne à la révolution iranienne,* évoqué dans notre première partie et qui, pour rappel est un ouvrage dans lequel l'auteur dessine une réflexion sur les masculinités et l'Histoire récente de la France). Avec la sculpture de Legrady la grandeur du cheval se voit abolie. Le cheval est réduit à faire du surplace plutôt que de parcourir de grands espaces. Son mouvement est aliéné à la bascule, à la répétition incessante « du même » sans que l'acte, le geste, le faire ne trouvent de dénouement, d'accomplissement, de posture salvatrice et émancipatrice du sujet. Cette petite bascule de l'enfance, c'est ainsi la bascule de l'Histoire conjointe à celle de Sisyphe que les parodies d'un même motif investissent comme pour les cristalliser ou les conjurer.

Analogie avec l'image de Kubrick

Cheval à bascule de Legrady dialogue aussi avec le film de Kubrick *Dr. Strangelove or : How I Learned to Stop Worrying and Love the Bomb*, film dans lequel, répétition et circularité construisent à la fois le rire, l'évocation de la violence, le caractère morbide de la production du désir renvoyé à lui-même en boucle, sans possibilité d'épanouissement favorable pour le sujet et pour la société. C'est d'ailleurs en cela, en réalité, qu'y réside une forme indicielle de carnavalesque au sens bakhtinien du terme, un carnavalesque où forces libidinales et germinales alternent et coexistent avec l'idée de mort et/ou de morbidité. Mais tandis que la définition Bakhtinienne prétend à un dénouement heureux, joyeux, fertile de cette mise en coexistence ambivalente des énergies, l'œuvre de Legrady esquisse à l'objet, un destin incertain, car pris dans une irrésolution, une non-prédominance de l'une ou l'autre force, il rend en cela tangible un indécidable. L'œuvre de Legrady dialogue en particulier avec l'une des scènes finales du film de Kubrick. Il s'agit de la scène de largage de la bombe. Dans cette scène le commandant King Kong – joué par Slim Pickens – est assis sur la bombe fixée au bombardier B-52, tandis qu'il répare manuellement les circuits de fonctionnement de déclenchement. Tandis qu'il procède à cette réparation, l'activation fonctionne et la bombe est larguée emportant avec lui le commandant. Mais au lieu d'avoir peur et de tâcher de s'extraire de la situation ou d'essayer de se dégager de la bombe, le commandement s'accroche à la bombe comme à un cheval d'un seul bras, et il brandit son chapeau de l'autre en criant de façon stridente tel un cow-boy victorieux, déterminé et enjoué en situation de rodéo. L'image est simple et assassine, infiniment absurde et drôle, et relève d'un geste parodique puissant, en effet : d'une part, la scène raille le cow-boy et son attitude de mâle dominant ; d'autre part, elle moque la posture impérialiste américaine.

L'image est donc à la fois une critique du passé et une critique contemporaine à la guerre froide qui s'appuie sur des intimidations basées sur l'acquisition d'un développement technique de destructivité de plus en plus perfectionné. Tout comme chez Legrady, il y a chez Kubrick cette critique par l'humour de la technique des armes qui semble être un nouveau cheval de Troie de l'humanité : derrière l'intelligence de production technique se cache l'offensive. Mais dans l'œuvre de Kubrick, la technologie destructrice se voit associée à la pensée de l'autodestruction. Contrairement à l'idée rattachée au mythe d'Ulysse, ici, il y a l'idée que détruire l'ennemi c'est toujours se détruire soi-même, c'est détruire une commune humanité. L'image de Kubrick se relie aussi à une thématique qui jalonne le film du début à la fin : celle d'une certaine représentation de la masculinité hétérosexuelle mise en parallèle à la représentation des armes et de la violence : la conquête, la puissance, la domination qui s'expriment par le rapport aux armes et par l'aspect phallique des armes elles-mêmes et un certain rapport à la sexualité. Violence et domination sexuelle et militaire étant évoquées de façon imbriquée et continue. La puissance militaire prenant le relais d'une frustration et/ou d'une impuissance sexuelle, surtout celle du Général Ripper – (interprété par Sterling Hayden –, le militaire paranoïaque qui a déclenché le plan d'attaque à la bombe nucléaire gratuitement contre la Russie). Ce que Kubrick questionne c'est donc aussi ce lien existant entre la fabrication psychique et libidinale d'une part, et le rapport à l'identification aux images, aux modèles, aux figures légendaires d'autre part. Dans l'œuvre de Legrady la sexualité est également suggérée par le balancement du mouvement propre à l'objet. D'ailleurs, ce lien à la sexualité figurant ou exprimant les pulsions libidinales est explicitement présent dans l'ensemble des objets produits par l'artiste. *Cheval à bascule* cristallise à la fois l'idée du jouet, de la domination cavalière, du corps installé dans une posture de contrôle. L'objet touche aussi à l'univers du carrousel, à l'idée de cycle, à celle de répétition qu'induit le mouvement de la bascule. Répétition du mouvement de va-et-vient et répétition générationnelle semblent liées.

Dans les deux œuvres, enfin, il s'agit aussi d'évoquer une certaine puérilité en cause dans les violences de l'Histoire, une puérilité qui va de pair avec la soif de conquête du monde. La puérilité moquée ici est une puérilité emplie d'énergies morbides et destructrices. C'est sur cette destructivité que Kubrick achève son film en utilisant des images d'archives montrant des nuages atomiques ; de nombreuses explosions de bombe sont ainsi successivement montrées[144] accompagnées de la chanson *We'll meet again* chantée par Vera Lynn. Les images qui succèdent immédiatement la scène de rodéo du commandant King Kong chevauchant la bombe est une apocalypse, tout autant qu'une métaphore sexuelle dans la continuité des nombreux clins d'œil ironiques et parodiques du film, – et dans celle des nombreuses mises en scène de l'objet, mais aussi par la représentation de l'utilisation des objets (guerriers et communicationnels surtout) et les conséquences de cette utilisation. Ce retour final à la sexualité, que la mise en scène de la bombe amène, rejoint la circularité formelle mais aussi temporelle, rythmique alimentant toute la structure comique et parodique du film. Enfin, la mise en image circulaire du champignon atomique exprime, au-delà de la représentation matérielle d'un objet concret, la question de l'objet au sens psychanalytique du terme, lequel est relié à la notion de pulsion.

De l'objet à la relation d'objet selon la notion psychanalytique

Le dictionnaire[145] de la psychanalyse de Laplanche et Pontalis permet de comprendre que l'objet relève notamment de deux caractéristiques : il est le comment ou le moyen avec lequel la pulsion atteint son but, la plupart du temps c'est une personne (totale ou partielle), réelle ou fantasmatique. Freud écrit : « introduisons deux termes : appelons objet sexuel la personne qui exerce l'attirance sexuelle et but sexuel l'action à laquelle pousse la pulsion[146] ». Il précise : « L'objet de la pulsion est ce en quoi ou par quoi la pulsion

---

[144] Scène de fin du film de Kubrick montrant les explosions atomiques consultable sur le lien suivant: https://www.youtube.com/watch?v=rx6ckrL9kws consulté le 15 mai 2016.
[145] Laplanche et Pontalis, *Vocabulaire de psychanalyse*, Paris, Editions PUF, 1981 (7ème éd) en ligne.
[146] Freud, *Trois essais sur la théorie de la sexualité*, traduit par B. Reverchon-Jouve, Paris, Gallimard, 1923 ; Cité *in* : Laplanche et Pontalis, *Vocabulaire de psychanalyse*, Paris, Editions PUF, 1981 (7ème éd) en ligne.

peut atteindre son but »[147]. L'objet est donc bien aussi un moyen d'atteindre une satisfaction. L'objet est, deuxièmement, un objet d'amour ou de haine, la plupart du temps. Or, l'image circulaire, car répétitive, du champignon atomique semble incarner l'objet au sens où elle vient cristalliser la satisfaction d'une pulsion animale : celle de King Kong qui n'actualise pas de réelle élévation. Le comment de cette satisfaction pulsionnelle réside dans la destructivité. L'objet de cette destructivité étant initialement les ennemis désignés (ce qui renvoie à nouveau à la pensée du eux/nous), à savoir, ici, les Russes, les autres, l'Autre alors objetisé dans les différentes acceptions du terme ; posture que le rire ici condamne et ridiculise, ramène à son impuissance, dégrade et rabaisse au sens propre et figuré : le commandant King Kong après avoir été élevé dans les airs, et survolé la terre se voit physiquement ramené au sol, à la terre, au bas matériel. L'esthétique du rire prend pour objet la relation d'objet de King Kong et ses acolytes. L'idéologie haineuse et paranoïaque planant dans les hautes sphères (notamment de son narcissisme) est ramenée sur terre, à une réalité pragmatique, à un principe de réalité, lequel inclut la considération de la finitude afin que soit pensée la vie réelle hors d'un sentiment aérien de toute puissance.

L'organisation de l'image suit bien l'axe structurel du comique bakhtinien : celui de la verticalité surplombante et hiérarchique dégradée et ramenée à l'horizontalité ; c'est-à-dire, selon les analyses de Bakhtine, à une vie ancrée dans le sol du réel afin de bâtir la société dans le temps et dans la prise en compte de la multitude et des minorités. S'inscrit bien, aussi, dans l'architecture de l'évolution des images, une circularité de bas en haut et de haut en bas, celle du Commandant King Kong qui décolle et connait l'ascension puis s'écrase, figurant ainsi un cycle de non-sens et de vacuité destructrice qui n'en finit pas de qualifier la condition humaine assoiffée de hauteur et de domination mais toujours ramenée au sol de la terre, dans les entrailles originaires d'un chaos psychique, métaphysique et géopolitique. Jeu, enfance, sexualité, destruction, puérilité, circularité, violence sont ainsi des marqueurs présents dans les images de Kubrick et dans l'œuvre de Legrady que le rire permet de scinder, associer, questionner dans un lien aux objets.

---

[147] *Idem.*

4ème moment

Des jeux & des œuvres

Chapitre 9

Jeu des références

Comme on l'a précisé en amont, l'image, l'œuvre visuelle n'usent pas tout à fait des mêmes moyens que le langage ou le verbe pour acheminer, élaborer, inventer ses esthétiques du rire et amener sa force d'impact, son efficacité de frappe sur le plan perceptif, cognitif, sensible et spirituel. Si la condensation procède de la même logique dans les arts plastiques et dans l'image que dans le mot d'esprit, elle se nourrit, comme on a pu le voir, du matériau qui participe du moyen d'esthétiser un rire ironique et dialectique. Nous souhaitons ici nous focaliser sur le jeu et observer d'autres modalités de l'esthétique du rire dans une image qui distancie, se fait ludique et/ou critique ; nous verrons que le jeu peut être pris comme motif, mais que sa dimension symbolique et métaphorique peut venir s'adjoindre à la construction plastique du rire et/ou à la force rhétorique ou critique des objets en présence.

Football, wax & champignon atomique

Dans un autre registre formel, l'artiste britannico-nigérian Yinka Shonibare Mbe se concentre aussi sur l'objet, le jeu, la violence et l'humour. Dans *Football Cloud*[148] il représente le champignon

---

[148] Exposé à Leisure Land Golf, York Art Gallery en 2017. Hauteur de l'œuvre : environ 2 mètres 50.

atomique. Là aussi, on peut se demander si la relation d'objet, au sens psychanalytique du terme évoqué en amont, n'est pas également évoquée. Le motif est figuré à l'aide de ballons de football eux-mêmes réalisés en tissus wax, le tissu hollandais, un produit lié aux échanges marchands de la période coloniale et dont les Africains se sont emparés. Le tout est placé sur un mini-golf et a vocation à interagir avec d'autres œuvres qui aménagent aussi des dispositifs ludiques et soulèvent toutes des questions sociopolitiques. L'œuvre est interactive, praticable, expérimentable. Évidemment une ironie cinglante se dégage de l'œuvre de Yinka Shonibare Mbe puisque le jeu sportif est associé à une conséquence désastreuse laquelle est à son tour, par effet ricochet, associée au jeu politique par lequel advient le chaos. En ce sens, le corps politique est tourné en dérision. Il y a plusieurs niveaux de fusions sémantiques et symboliques qui aménagent ici la représentation du champignon atomique. La condensation de l'installation se nourrit de plusieurs éléments hétérogènes. Le motif renvoie bien sûr à l'armement et à la guerre atomique sur le même plan que la compétition sportive : poursuivre l'acquisition de l'arme atomique peut se faire dans le même esprit que mener un match de football et une partie de golf. Il y a aussi l'idée que les pays en voie de développement courent après le nucléaire tout comme les enfants des pays en voie de développement courent après une carrière sportive pour échapper à la domination économique. Le sport populaire qu'est le football est aussi mis en tension avec le sport plus huppé et plus minoritaire qu'est le golf. Le tissu wax est également pris entre deux connotations : celle péjorative et passée de la domination hollandaise sur les pays africains, ainsi que celle joyeuse, colorée et actuelle de la créativité africaine.

 Mais tout n'est que jeu. Jeu sportif, jeu du spectateur, jeu de l'artiste qui joue à inverser les valeurs, les définitions, les occurrences, les motifs, les enjeux, les éléments. Le *Witz* à l'œuvre, fait de parts multiples, de bribes, de références composites montées, agencées ensemble et qui dialoguent, contient quelque chose d'onirique, de fragmentaire. Cette opération de montage, d'inversion, de combinaison, de décalage a quelque chose de la dynamique carnavalesque, mais comporte aussi une force rhétorique et dialectique. Mais l'objet n'est pas à sens unique et ne dicte pas de façon unilatérale ce qu'il y a à penser ou comprendre de façon nette ou définitive. Il est aussi possible de relier la notion d'objet envisagée au sens où on a pu le voir en amont, c'est-à-dire relativement à la notion de pulsion. L'objet dans sa matérialité, dans son lien au sport, ramène le corps dans sa relation au pulsionnel. Peut-être l'œuvre met-elle l'attention sur l'investissement corporel de l'être par le moyen du sport pour activer une « relation d'objet » salvatrice, déviant la pulsion de destructivité ? L'objet, par ailleurs (qui est à la fois un motif, celui du champignon atomique, dans l'objet qu'est le terrain de golf) composé d'objets réels et symboliques est construction et déconstruction. La force destructive de l'esthétique du rire défait, transforme, actualise un jeu combinatoire des signifiants qui ne cesse de fonctionner en ricochet pour actionner une dynamique mémorielle allusive où les époques historiques et les violences, celles d'hier et d'aujourd'hui, de là-bas ou d'ailleurs, dialoguent, se regardent, jouent dialectiquement l'une par rapport à l'autre, et se répondent.

Ping-pong & tyrannie

C'est dans un dispositif différent mais toujours relié au thème du jeu sportif que Johnson Tsang aménage un objet dialectique. *Just a game*[149] a été réalisée en 2002. L'ironie et la violence s'y articulent dans l'univers du jeu sportif, celui de la table de Ping-Pong. L'œuvre[150] de Tsang se veut une métaphore ironique d'une forme de violence structurelle qu'induisent les relations de dominations qui font l'Histoire. Tsang est un artiste autodidacte implanté à Hong Kong. Il travaille essentiellement la porcelaine qui est une matière qui lui apporte, dit-il du « réconfort ». Son œuvre est à la croisée du poétique, de la violence et de l'humour. Il s'empare aussi de matériaux ou de motifs traditionnels qu'il détourne ou mêle à l'univers du quotidien. Le dispositif s'appuie ici sur l'utilisation d'une table d'intérieur de type traditionnel sur laquelle est installé un revêtement de table de ping-pong. Mobilier d'intérieur et équipement sportif sont fusionnés et la normalité est détournée. Un unique joueur anormalement petit se trouve assis directement sur la table. Sa morphologie est étrange. Son corps est menu et sa tête, difforme. Le personnage est coiffé pareil à un adulte et porte une calvitie tandis qu'il ressemble à un bébé. Tenant une petite raquette de la main

---

[149] https://johnsontsang.wordpress.com/2013/03/20/just-a-game/
[150] Dimensions de l'œuvre : 150 cm x 100 cm x 120 cm. Matériaux : acier inoxydable, porcelaine et bois.

droite, il fait jaillir des balles de part et d'autre de la table en tous sens. Mais ces balles sont des têtes humaines qui valdinguent en tous sens et laissent échapper une trainée liquide solidifiée, comme une trainée de sang couleur argent qui marque leurs impacts sur la table de ping-pong. Un humour noir se dégage évidemment de l'œuvre. Les balles sont des objets animés, elles sont personnifiées, dans le même temps, il y a l'idée que ces têtes sont à la fois décapitées et objetisées. Mais l'horreur de la situation est suffisamment distancée, irréaliste, métaphorique pour être comique. Là encore, il est question de jeu et d'enfance. Le personnage violent joue au ping-pong assis. Il est statique, immature, puéril, isolé et solitaire, immobile et satisfait. Il se distrait sadiquement de la souffrance des autres dont il éclate les têtes. Or, la tête c'est le lien à la pensée, au libre arbitre, au choix, à la personnalité, à l'individuation. L'objet théâtralise un système d'asservissement animé par un petit être tout puissant, un tyran qui impose sa loi. L'humour grinçant de cette table inattendue réside bien, en effet, dans son occupation et sa violence délirante par laquelle toute altérité est niée. Ou bien celle-ci est unilatérale, basée sur un rapport de domination. L'organisation de l'objet et son animation peut aussi rappeler la pensée d'Adorno selon laquelle la culture, les loisirs, le divertissement reposent sur l'assise d'une élite qui asservit la masse, une masse constituée de 'sujets', des sujets faits objets. Au-delà de l'aspect scénique intrinsèque à l'œuvre, le jeu des hétérogénéités s'articule également autour du contraste des éléments, des univers, des matériaux : la délicatesse et la finesse de la porcelaine entrent en collision avec le revêtement plutôt ingrat de la table de ping-pong qui elle-même entre en tension avec le bois ancien des pieds de table qui rappelle l'intérieur, la maison, le foyer, le quotidien. L'illusion du liquide apporte beauté et violence. Le tout tisse une étrangeté, une incongruité situationnelle, une anomalie onirique et hyperbolique où violence et comique sont entremêlés. La table est liée à l'évocation des règles. Celles d'un joueur qui inclut un partenaire, un Autre avec lequel interagir dans un cadre réglant les comportements et des objectifs particuliers bien définis. La table de ping-pong induit normalement mobilité, distance, fluidité tandis que le personnage ici figuré reste figé. Lorsque l'on y regarde de plus près, on se rend compte que son visage rappelle celui de Mao. Son geste semble détaché et il ferme les yeux, absent à son geste et aux conséquences de celui-ci. La table-jeu est alors le dispositif d'énonciation dans lequel se voit évoqué un rappel à la mémoire historique.

Chapitre 10

Drôles de jeux de société

Collection & symbolique

L'idée de jeu et d'humour en lien à la violence se voit aussi mise en exergue par Martin Parr qui compte, au sein de sa vaste collection d'objets absurdes et étranges, ce jeu de société qu'il a photographié. Nous nous intéressons ici à une photographie d'un jeu de société qui s'intitule *Gulf War Board Game*. Ce jeu a été en fait réalisé par Michael Gray pour la Milton Bradley Company. Sur la pochette sont dessinés les visages des deux dirigeants irakien et américain : Saddam Hussein et Georges Bush. Ce jeu qui fut réellement distribué et proposé aux enfants est tragique et son dispositif est consternant. Il banalise totalement les horreurs de la guerre en Irak et amène à percevoir la violence comme un jeu de stratèges et de techniques militaires. Cela permet de faire en sorte que la représentation des violences soit réduite à une abstraction. Le jeu, par ailleurs, en dessine aussi une représentation tout à fait édulcorée. Il rappelle en cela l'esprit des dessins animés *Walt Disney* contemporains à la Seconde Guerre mondiale que dénonce Theodor Adorno dans *La Dialectique de la raison* ; dans ce type de films pour enfants, Donald est souvent confronté aux nazis. Mais ce n'est jamais bien grave puisque Donald s'en sort toujours et que les conséquences ne sont pas vraiment fâcheuses et mènent le téléspectateur à rire confortablement installé dans son canapé, à se distraire, éloigné des contingences de la réalité. C'est aussi sur ce mode que Walter

Benjamin est plutôt critique face à la figure de Mickey dans *Expérience et pauvreté*. Si Mickey, comme le dit le philosophe, se fait complice de la fatigue quotidienne du travailleur et mène celui-ci à s'endormir, elle permet de rêver, c'est-à-dire de défaire le réel de sa matérialité tangible, elle l'empêche d'être actif, d'être créateur de sa propre vie, d'accéder à l'expérience ; de ce point de vue Benjamin rejoint le discours critique d'Adorno sur un certain divertissement (en revanche Benjamin, comme on l'a vu, à l'inverse d'Adorno, voit bien, dans le rire procuré par la comédie cinématographique une expulsion cathartique positive…).

Mais revenons au jeu de Martin Parr qui semble induire une critique implicite d'une banalisation qui appelle à l'adhésion massive des enfants à la politique violente, communautariste et raciste propre aux guerres du Golfe ; plus précisément, le jeu pose la question de l'identification des enfants à cette politique. Le jeu ainsi collecté parmi d'autres objets qui révèlent une époque, questionne l'éducation au mal par le ludique, par le plaisir d'évasion du jeu de société. Un tel jeu, dans le réel, encourage une sorte de patriotisme stupide et précoce qui ferme le lien à l'Autre. Mais en réalité Martin Parr opère un renversement de la représentation de ce jeu. Car, encore une fois, l'acte de le photographier et d'en collectionner l'image parmi d'autres objets eux-mêmes absurdes et également photographiés amène à faire jaillir le non-sens du jeu dont la portée signifiante est amenée à une forme de saturation.

L'acte de la collection – sur le même mode que celui que l'on a vu en amont –, l'acte de la mise en sérialité, de sa mise en regard met en exergue une critique, un mouvement de conscience. Et il y a, en quelque sorte, jeu dans le jeu, puisque pour Martin Parr, la collection, la trouvaille touche à la notion de jeu : le jeu de la collection, effrite le jeu de société morbide, à la manière peut-être d'un collectionneur de papillon, le regard ironique et critique que l'on est susceptible de porter sur l'objet, fait alors office d'épingle. De plus, le fait de s'arrêter sur ce jeu, de le choisir pour le photographier comme on le nommerait avec un procédé ironique antiphrastique par exemple, révèle, en effet, dans le contexte de la démarche de Martin Parr un second degré et même une pluralité de seconds degrés ; cela montre la présence d'un mouvement de pensée (la fameuse épingle du regard qui accroche sur ce qui fait mouche) qui voit le cynisme d'un tel objet et le réduit aussi à son aberration. Ce sont alors aussi par ailleurs, les dirigeants politiques, qui sont montrés, là encore, comme des enfants, comme étant coincés, engoncés dans une posture de régression avec et depuis laquelle ils dirigent et guident les nouvelles générations à venir.

Mouvement ironique du *ready-made*

Toujours avec le jeu de société comme objet articulant un focus analytique sur la violence, l'œuvre intitulée *Lego Concentration Camp* de Zbigniew Libera [151], réalisée en 1995 met en œuvre un rire étranglé qui repose sur une ironie cinglante. *Lego Concentration Camp* consiste en la réalisation d'un jeu de construction qui permet de reproduire, en assemblant des pièces, les camps de concentration et d'extermination. L'œuvre, évidemment, ne comporte rien de comique, au sens d'un comique régénérateur et joyeux, si elle l'est c'est alors depuis un regard déviant ou du point de vue nazi. En revanche, son dispositif construit un rire noir qui n'a rien avoir avec le comique ou avec de la sympathique drôlerie. Il s'agit d'un rire qui se suspend et se retient au moment où il surgit : l'émotion et le mouvement de conscience auxquels renvoie le dispositif entrent en collusion avec le rire que vient appeler, non pas les horreurs représentées, mais le dispositif lui-même : celui-ci met en scène l'Histoire dans son abjection à l'intérieur d'un jeu de construction pour enfant. Il s'agence autour du paradoxe du plaisir du jeu innocent/ et des horreurs de l'Histoire. L'association plaisir du jeu/horreur du l'Histoire est sidérante à un point tel, qu'elle provoque un effet de surprise, qu'elle engendre un rire qui s'interdit à l'intérieur de lui-même...

Dans un article intitulé, « *Zbigniew Libera's Lego Concentration Camp : Iconoclasm in Conceptual Art About the Shoah* », Stephen Feinstein[152] rappelle que Libera fait partie des artistes, qui, et de loin, ont le plus atteint les limites de la représentation de l'Holocauste. L'œuvre de Libera a été très mal reçue et l'artiste a été invité à

---

[151] Zbigniew Libera, conférence à l'Université du Michigan : « How Artists are Tamed ! Zbigniew Libera and the Polish Press 1980-2005 », le 19 janvier 2006. Mis en ligne.
[152] Stephen C. Feinstein, « *Zbigniew Libera's Lego Concentration Camp : Iconoclasm in Conceptual Art About the Shoah* », in : *Other* Voices, *The (e)Journal of Culture criticism*, v.2, n°1 Février 2000. En ligne : http://www.othervoices.org/2.1/feinstein/auschwitz.php consulté le 12 février 2015.

exposer à Venise à condition de ne pas montrer ce travail[153] ; ce qu'il a refusé.

Feinstein donne un éclairage sur cette réalisation. L'auteur souligne le lien de l'objet à la violence en présence dans les jouets pour enfant. Il met aussi en relation l'œuvre à l'enfance[154] d'Hitler. Il précise l'importance des pièces de la marque Lego identifiables par tout un chacun comme un produit commun de la société marchande. Et en effet, c'est précisément là que réside le nœud effectif et formel de l'ironie en présence, de la farce noire qui place le spectateur dans la situation de constructeur de l'atroce. Il y a l'idée que celui qui manipule ces pièces – comme l'analyse Feinstein – rejoue, refabrique l'Histoire. Or, c'est bien là l'intérêt de cette pièce, le ressenti du spectateur qui met en jeu l'adhésion ou l'abjection, mais aussi, dit Feinstein, le fait de pouvoir, avec les mêmes pièces, construire autre chose qu'un camp de concentration et/ou d'extermination.

L'artiste précise, dans une conférence donnée à l'Université du Michigan en 2006, que l'œuvre[155] comprend sept boites de jeu de différentes tailles. Chaque boite comporte, à son angle, en haut à gauche, la mention d'un sponsoring apporté par Lego « pour indiquer – selon les propos de l'artiste – que les pièces données par la société Lego ont rendu le projet possible[156] ». L'artiste explique aussi que le premier ensemble figure un camp de concentration typique avec les fils barbelés et les toits caractéristiques des camps. Le deuxième set montre un crématorium. Un autre ensemble représente le bloc où les déportés abandonnaient leurs affaires afin qu'elles soient triées. La dernière boite de Lego propose la représentation d'un « médecin psychopathe qui conduit des expérimentations médicales, une caricature du scientifique utilisant le pouvoir des politiques et le savoir pour établir les normes sociales[157] ».

Libera explique que cette œuvre fonctionne sur le mode du *ready-made* : ces jouets sont en réalité – à quelques exceptions près –,

---

[153] *Idem.*
[154] On retrouve cette interrogation de l'enfance des membres du nazisme dans le film *Le Ruban Blanc* d'Haneke.
[155] *"The Jewish Museum in New York City exhibited these sets in 2002 as part of a show entitled Mirroring Evil: Nazi Imagery/Recent Art"*, tiré du lien : https://theartstack.com/artist/zbigniew-libera/placebo-1995-70-cardboa consulté le 12 mars 2015.
[156] *Zbigniew Libera's conference: op.cit.*, en ligne.
[157] *Idem.*

des pièces prises des véritables Lego. Les pièces sont utilisées telles quelles, elles n'ont pas été fabriquées spécifiquement pour imiter l'apparence des camps de concentration[158]. Libera explique que les squelettes qui sourient viennent par exemple de la boite de Lego « pirates »[159], les gardes, quant à eux, viennent de la boite de Lego « Police »[160]. L'une des boites de Lego présente pour sa part un officier de haut rang : il ressemble à « un général soviétique [161]» ; dans le jeu de Libera on l'associe spontanément à un commandement de camp. Les pièces représentent, toujours selon les dires de l'artiste, « une certaine icône du XXème siècle ». L'artiste, en réalité, propose une réflexion sur les composantes institutionnelles de la société européenne moderne/contemporaine, ainsi que sur les rapports de pouvoir qu'elles reflètent, le tout se réfléchissant dans l'esthétique des bâtiments, ainsi que dans les jouets eux-mêmes ; les jouets étant, en quelque sorte, un échantillon d'une esthétique qui embrase un socle de valeurs mortifères.

Avec cette œuvre, Libera semble aussi faire écho aux travaux de Michel Foucault sur le biopouvoir. L'horreur de la Shoah est ici citée comme un point d'orgue symptomatique d'un tout sociétal profondément malade, une société où les rapports de domination, d'exclusion, de manipulation existent structurellement dans ses fondements institutionnels, de manière indifférenciée et non visible. La Shoah vient transpirer un excès concentré d'atrocités rendues visibles, saillantes ; de même, les éléments qui la représentent sur le mode du jeu de construction Lego, font apparaitre architecture, organisation de l'espace, postures hiérarchiques, attitudes, contrôle du corps, rapports de violence et de domination qui habitent déjà intrinsèquement, de façon latente ou manifeste, la société technocrate, technologique, basée sur le rendement, l'efficacité et la rapidité de production, les échanges marchands que le XXème siècle a intensifiés, de part et d'autre des époques et des territoires, se greffant ou actualisant des problématiques économiques, sociales et géopolitiques variées. L'artiste déclare :

---

[158] *Idem.*
[159] *Idem.*
[160] *Idem.*
[161] *Idem.*

> La pensée qui initialement m'a conduit à créer cette pièce concernait la grande rationalité qui forme la base des systèmes de bâtiments en bloc de Lego, qui m'a paru comme quelque chose d'horrible : on ne peut pas utiliser ces blocs pour construire autre chose qu'un système précis et rationnel.[162]

On peut aussi penser aux réflexions de Theodor Adorno qui fait mention de l'importance de l'architecture urbaine et des signes que celle-ci aura pu, par endroit, écrire et sous-tendre. Dans *La dialectique de la raison*, le philosophe met à l'index – avec Horkeimer – la violence de ce qu'il nomme la « civilisation de masse[163] » qui uniformise tous les espaces urbains et qui va de pair avec la brutalité que diffuse et permet l'industrie culturelle ; Adorno écrit :

> des pays totalitaires aux autres pays, les bâtiments administratifs et les centres d'expositions industrielles se ressemblent presque tous par leur décoration.

Il ajoute :

> Les édifices clairs et monumentaux qui surgissent partout sont des signes (...) de l'ingénieuse rationalité des grands cartels internationaux (...). Les projets d'urbanisme (...) [soumettant] (...) [l'individu] (...) au pouvoir absolu du capital.[164]

Cette standardisation allant de pair, pour le philosophe, avec la violence du fascisme qui exclut alors toute possibilité de singularité. Cette question de la singularité des objets renvoie aux théories de Bernard Stiegler. La singularité, Stiegler la met en lien, de façon détaillée dans ses textes, à la notion d'individuation du sujet humain. Or, lorsque tout le cadre institutionnel est standardisé, sur le plan esthétique et fonctionnel, éducatif et symbolique, la construction singulière du soi est empêchée et la violence est plantée dans le germe des relations sociales. Le jeu de Libera met surtout en scène, de façon

---

[162] Propos de Libera : « *The thought that originally led me to create this piece concerned the very rationale that forms the basis of the Lego building-block system, which struck me as something horible : you cannot use these blocks to build anything that a precise, rational system doesn't allow* ». Traduction libre pour la présente étude : Marie-Luce Liberge. Source : http://culture.pl/en/artist/zbigniew-libera#artykuly
[163] Theodor Adorno et Max Horkeimer, *op.cit.*, p. 130.
[164] *Idem*.

ironique et cinglante, des ramifications possibles et plus ou moins évidentes entre le fait d'Histoire saillant, ineffable, innommable d'une part, et, d'autre part, le fonctionnement profond de la société moderne, capitaliste et technologique dont la violence est latente au sein de ce que celle-ci pose comme règles du jeu et dans lequel l'individu, empêché de se réaliser, de se rendre vers lui-même, est limité à être un produit standardisé.

Chapitre 11

Mots & matériaux

Motif & jeu de mots

En 2013, une œuvre (anonyme) tout à fait intéressante est exposée dans un squat[165] d'artistes à Paris. L'organisation de cette œuvre est la suivante : il s'agit d'un mouchoir épinglé à un mur sur lequel est brodée à la main la question suivante : « Et sinon Vichy c'était comment ? » Le mot Vichy évoqué dans la phrase se réfère évidemment au Régime de Vichy. Le Régime de Vichy date de la guerre de 39-45 et fut dirigé de 40 à 44 par le maréchal Pétain. Ce régime marque la capitulation et la collaboration françaises avec la politique nazie. Le langage de l'œuvre s'appuie premièrement sur l'ironie ; on se doute bien que la question n'est pas ici posée au premier degré et que son véritable sens est nourri par la force allusive de l'objet à laquelle la phrase se relie sur les plans visuels et sémantiques. La compréhension de l'ironie en présence se nourrit bien sûr aussi de la connaissance de l'Histoire acquise par le regardeur-spectateur ; car sans connaissance du Régime de Vichy, l'ironie de l'objet, ainsi que sa portée réflexive et subversive, tombe complètement à plat. La phrase marque donc, de façon rhétorique, un rappel à la mémoire historique. La dimension ironique de la question provient du fait que la structure de la phrase emprunte au langage commun, plus précisément à une manière de questionner bien

---

[165] Squat du Shakiraï.

précise, à une modalité d'expression très contemporaine qui concerne quelque chose de vécu supposé sympathique, agréable, plaisant ou bien quelque chose qui concerne la vie courante. On dira par exemple : « et sinon ton concert c'était comment ? » ; ou encore : « et sinon ton entretien c'était comment ? » Et non pas : « Et sinon Vichy c'était comment ? », question posée comme si ce qui était évoqué, à savoir une période des plus dramatique de l'Histoire, relevait d'une chose banale, anodine, quotidienne, question qui, aussi, en sous-tend d'autres, comme : « Et sinon la collaboration c'était comment ? », « Et sinon les déportations c'était comment ? », « et sinon cette période reliée aux dénonciations, vous a-t-elle été profitable ? », etc. Deuxièmement, la dimension ordinaire de la formulation utilisée pour appuyer l'Histoire se retrouve aussi dans le matériau ; l'usage d'un simple mouchoir. Ce choix de matériau, par ailleurs, décale l'usage habituel du matériau noble et solennel utilisé traditionnellement pour la réalisation des Monuments placés dans l'espace public (comme le bronze par exemple)...

L'humour réside donc dans le glissement du langage courant appliqué à l'Histoire dans sa dimension tragique, lourde, indicible et dans la contextualisation de ce jeu de mots placé dans un simple mouchoir. Au-delà du jeu de mots isolé dans l'autonomie de sa capacité ludique, celui-ci est pris à la texture, au motif, au matériau concret et signifiant de l'objet à partir duquel il s'articule et avec lequel il anime la dynamique de sa drôlerie : la question rhétorique en présence n'aurait pas la même portée humoristique sans le jeu qu'elle induit avec son support, c'est-à-dire sans la présence du tissu sur laquelle elle est inscrite, et plus précisément le tissu Vichy ; celui-ci étant ce tissu quadrillé très caractéristique d'une époque : celle de la mode Vichy où les petits carreaux étaient partout, sur les jupes des jeunes filles, sur les chemisiers et dans les pages de magazines reflétant l'insouciance d'une époque... L'objet s'empare aussi d'une activité de loisir, qu'est la broderie, qu'elle détourne. La broderie fait intervenir le savoir-faire, le travail manuel, l'aptitude, la dextérité de la main. La pensée de la main qui crée et celle qui détruit sont mises en parallèle et en collision par la phrase qui pense la mémoire de la destructivité humaine, et par le matériau travaillé qui rappelle à une aptitude constructive. La finalité de la broderie vise par ailleurs à une esthétique ; elle a pour objectif de décorer, d'embellir, de chercher une forme de beauté à introduire dans les tapisseries, les tissus... Cette phrase questionne sur le sens du beau : ainsi agencée, elle met en résonnance les notions de beauté de l'agrément et de beauté de l'acte, geste de faire, geste de défaire...

Le retranchement comme acte de charge

Cette œuvre peut être mise en parallèle avec *Between the lines*, une œuvre réalisée en 2008 par Ariana Boussard-Reifel qui introduit également un jeu avec la notion de langage, de texte, de verbe. Mais tandis que *Et sinon Vichy c'était comment ?* travaille à ajouter du texte au matériau, *Between the lines* en retranche. L'œuvre est une réponse à la propagande et aux théories du mouvement américain *Creativity*, l'un des plus virulents mouvements de haine d'Amérique créé par un dénommé Ben Klassen en 1973 ; l'idéologie de ce mouvement consiste, entre autres, en la revendication d'un suprématisme blanc. Les idées de *Creativity* sont notamment reléguées et promues depuis des années par une organisation appelée le *World Church of the Creator*.

Un jour, un militant repenti du *World Church of the Creator*, a donné 4 000 livres de propagande raciste au mouvement de défense des droits de l'Homme *Montana Human Rights Network* ; celui-ci a sollicité *l'Holter Museum* qui a souhaité utiliser ces livres en vue de la réalisation d'un projet artistique. De nombreux artistes ont reçu un appel à réaliser une œuvre en s'emparant des livres de haine, c'est-à-dire non pas en utilisant uniquement leur thématique mais en utilisant ceux-ci comme un véritable matériau sur le plan plastique. Une soixantaine d'artistes a répondu positivement à cet appel du musée réalisant peintures, sculptures, collages installations, etc. qui furent ensuite présentées dans le cadre de l'exposition « speaking volumes : transforming hate[166] » dont la commissaire d'exposition fut Katie Knight. C'est dans ce cadre que l'artiste *Ariana Boussard-Reifel* a réalisé *Between the lines*. L'œuvre s'appuie sur un dispositif très simple qui consiste au retranchement matériel du texte théorique haineux. Ariana Boussard-Reifel a découpé tout le texte du livre et en a conservé la matérialité : la couverture, la reliure, les pages ; ainsi, l'artiste ne détruit pas le livre. Elle se charge juste d'en enlever tout le non-sens qui le constitue et l'habille. L'œuvre se nourrit, s'alimente d'une certaine force destructrice du rire, mais cette destructivité est

---

[166] *Cf.* le lien de l'exposition mentionnant la démarche d'ensemble et tous les artistes ayant répondu à l'appel du musée : http://www.speakingvolumes.net/

canalisée, joueuse, habile. Reste à feuilleter les pages d'un ouvrage empli de cases vides. L'objet est donc absurde, vidé de sa substance. Et l'artiste joue une sorte de farce d'une part, à l'auteur et au lecteur militant du livre de haine, d'autre part, au regardeur dans l'espace du musée. Un autre axe de lecture se rend aussi possible : celui du vide mémoriel possiblement questionné : « quelle histoire de la haine est retracée aux USA ? » peut aussi interroger le dispositif. L'objet renvoie aussi à questionner le politique : le propre de la politique politicienne mal utilisée par le pouvoir, et/ou le propre de la violence qui s'autolégitime, est d'inscrire une perversion du langage pour assoir sa mise à exécution, son effectuation, son passage à l'acte. Or, l'œuvre, intitulée *Between the lines*, rappelle que la vérité du langage sensible s'entend, se dit, s'articule entre les lignes. Par ailleurs, ce gag de l'objet se fait également support d'une forme d'indécidable ; car le spectateur-regardeur est amené poétiquement à lire ce qu'il projette, à créer, par l'imagination, dans ce livre, autre chose que de la haine.

Enfin, les théories fumeuses et abjectes qui se voient liquidées, renvoyées au néant, congédiées, laissent poétiquement place à une forme de non-savoir salvateur ; un non-savoir qui exclut et rabaisse l'autorité grandiloquente du discours, du verbe, un non-savoir fraternel, ouvert, sans direction dogmatique.

Conclusion

Nous avons pu, au fil de cet ouvrage, observer comment l'objet détourné esthétisant le rire opère pour distancer la représentation de la violence, mais aussi pour s'opposer, résister, prendre position à travers des dispositifs qui renvoient aux fragilités humaines, au corps dans sa réalité, même si nous avons été au-delà de cette seule considération. Nous avons d'abord fait le rappel d'une brève histoire du rire construit par l'objet dans les arts plastiques depuis la fin du XIXème siècle, puis nous avons dégagé trois lignes de fuite polarisées sur l'objet quotidien, puis sur la représentation des armes, puis sur les jeux.

Le rire esthétisé par l'objet détourné et réalisé par les artistes provoque bien une réception singulière où l'attention se voit convoquée sur le mode ludique, rhétorique, interactif, participatif. Travailler le rire par l'objet, et travailler l'objet par le rire – c'est-à-dire par une esthétique qui engage formellement la distorsion, la déformation, la dis-jointure, l'arythmie visuelle ou la rupture, le décalage, la mise en jeu des éléments, leur mise en scène, leur fracture, l'inversion des proportions, le jeu des échelles, le détournement, la mise en situation, la matière, la collection – permet bien d'élaborer une monstration singulière des violences. Le rire construit par l'objet détourné déploie ainsi différents dispositifs d'énonciation où la violence est exposée et distanciée, mais cette monstration ou cette présentation distanciée ne freine pas la dynamique critique, rhétorique ou résistante qui habite les œuvres, elle vient au contraire la servir.

Nous avons pu voir aussi, en particulier, comment le carnavalesque, la distanciation, le *Witz*, la condensation viennent travailler plastiquement les agencements pour élaborer des esthétiques du rire en résistance. Nous avons pu observer, notamment, comme le rire peut s'alimenter à des agencements qui opèrent la mise en forme d'une force satirique effective ; procédant autrement que par les dispositifs classiques de la caricature, l'objet s'appuie alors sur divers procédés : la collection, la référence mise en image par l'assemblage ou la mise en scène, la mise en collision de la vanité du pouvoir...

Par ailleurs, le rire se nourrit potentiellement au *Witz* ; nous l'avons largement évoqué. Or le *Witz*, comporte aussi, dans l'objet d'où il jaillit, ce manque dont parle Schlegel, cette faille, ce vide, car il opère une synthèse, un raccourci, un montage sans transition. Il comporte très souvent une forme d'indécidable (notion évoquée plusieurs fois dans cette recherche). Si l'objet est lisible dans la force de frappe du *Witz,* il reste en effet ouvert à nombre de lectures, il préserve une dimension énigmatique, mystérieuse, ouverte... C'est le cas pour nombre d'objets qui articulent cette structure du *Witz* au sein de leur agencement : ils sont dotés d'une force d'impact, ils sont « le dissolvant universel » dont parle Novarina qui ne perd pas ses propriétés en attaquant un corps, tout autant qu'ils accueillent une lacune, un manque. En cela, ils alimentent le regard, l'invitent à chercher... n cela également, ils se détournent radicalement de l'image voyeuriste relative aux violences.

Le rire esthétisé par l'objet détourné et à l'épreuve de la violence de l'Histoire s'inscrit plutôt largement dans une perspective qui renouvelle l'image et se départit de l'image-choc : les œuvres analysées l'ont bien montré. Ce rire esthétisé dans l'objet se déploie aussi sur le mode cathartique ou relationnel induisant l'évolution de la forme ou sa transformation ainsi que la transformation des affects entourant le symbole ou la métaphore de l'œuvre.

Nous avons vu, de plus, d'une œuvre à l'autre, comme le carnavalesque peut insuffler sa force de déflagration dans les objets, ou dans les dispositifs d'objet, mettant le quotidien à l'envers, venant renverser la norme, insuffler une forme d'anomalie perturbatrice, et amenant ainsi l'objet à montrer la violence par des moyens ludiques, sensibles, nuancés, intelligibles où le regardeur-spectateur a une part active...

L'axiologie verticale, le rabaissement, la circularité, la dégradation, la transformation propre au vocabulaire carnavalesque travaillent d'ailleurs aussi fondamentalement les formes du rire construit par l'objet engagé ou tourné vers l'Histoire et ses violences.

Tous ces procédés qui rejouent le réel, le reprennent, le répètent, se répètent également d'une forme à l'autre dans l'esthétique même de l'objet relatif à la violence de l'Histoire ; ils contribuent, pris à cette répétition d'un même qu'est la violence ou son symbole dans un contexte donné précis, à créer ainsi une « force naturante »[167], ils contribuent à faire émerger des puissances, une sorte d'élan vital au sein même de son appareil critique.

En outre, le rire esthétisé, construit, fabriqué par l'objet joue concrètement sur la notion d'identification, et sur la portée distanciatrice de l'œuvre ou image ; ceci, parce que l'objet éloigne de la simple représentation figurative des corps pouvant appeler à une adhésion émotionnelle massive, univoque, unilatérale telle que peut engager l'image sensationnaliste. Mais l'objet n'annule pas toute possibilité d'identification de la part du spectateur ; il semble la redistribuer autrement. Car l'objet et notamment l'objet du quotidien, c'est aussi, d'une certaine manière, l'Autre, en ce qu'il comporte en lui ce qui m'est commun, en ce qu'il me ressemble dans les gestes de la banalité. Tout un chacun utilise un lit, un ustensile de cuisine. Cela est commun ; le commun c'est ce qui renvoie à la communauté, en un sens à la multitude. Et les objets nous renvoient à du commun dans une grande simplicité, et ainsi à une forme d'universalité. Et c'est de ce commun que le rire (tissé par l'objet) surgit, redistribuant de la singularité, renouvelant des possibilités de regard, d'écoute, d'attention. Le rire vivant dans l'objet et relatif à la Violence de l'Histoire amène bien, à se focaliser sur le corps et sur l'humanité. Au détour de ses langages, il place, la plupart du temps, au cœur de son dispositif, la fragilité humaine…

La fragilité humaine est d'ailleurs, l'une des principales caractéristiques de la figure de l'idiot qui fera l'objet de notre prochain livre (toujours en lien à la dialectique Rire/violence qui occupe l'essentiel de la présente recherche).

---

[167] Concept développé et abordé au fil de cette recherche.

Bibliographie

LES OUVRAGES
Esthétique et rire

BAUDELAIRE, Charles, *De l'essence du rire et généralement du comique dans les arts plastiques*, in : *Critique d'art*, Paris, Folio, 1992.
BAKHTINE, Mickael, *L'Œuvre de François Rabelais et la culture populaire au Moyen Âge et sous la Renaissance*, (1970), Paris, Gallimard, 2010.
BERGSON, Henri, *Le rire*, Paris, GF Flammarion, 2013.
BRETON, André, *Anthologie de l'humour noir*, (1966), Paris, Pauvert, 2005
GOMBRICH, Ernst, « L'arsenal des humoristes » (1962), *Méditations sur un cheval de bois et autres essais sur la théorie de l'art*, G. Durand (trad.), Mâcon, Éditions W, 1986.
LOSCA-LENA, Mireille, *Rien n'est plus drôle que le malheur*, Presses univ. fe Rennes, 2011.
RIOUT Denys et GROJNOWSKI Daniel, *Les Arts incohérents et le rire dans les arts plastiques*, Paris, Corti, 2015.
VAILLANT, Alain, *Esthétique du rire*, Presses universitaires de Paris Ouest, 2012.

Esthétique

ARTAUD, Antonin, *Le théâtre et son double*, (1964), Paris, Folio, 1996.
BOURRIAUD, Nicolas, *Esthétique relationnelle*, Les Presses du Réel, Dijon, 2001 [1998].
CHOLLET, Laurent, *L'insurrection situationniste*, Paris, Dagorno, 2000.
COLOMBET, Marie J. A., *L'humour objectif : Roussel, Duchamp, « sous le capot »*, *L'objectivation du surréalisme*, Editions Publibook Université, Collection Art histoire de l'art, 2014
DIDI-HUBERMAN, Georges, *Quand les images prennent position*, Paris, Minuit, 2011.
HANRU, Hou, *On the Mid Ground*, Hong Kong, Yu Hsiao-hwei, Éditeur scientifique, 2002.
NYSSEN, Hubert et WESPIESER, Sabine, (dir.), *La dérision, le rire*, Paris, Babel, Maison des cultures du monde, 1995.
OTTINGER, Didier, *Duchamp sans fin*, essais, éditions de l'Échoppe, 2000.
OTTINGER, Didier, *Marcel Duchamp dans les collections du Centre Pompidou*, Paris, Éditions du Centre Pompidou, 2001.

OTTINGER, Didier, *Le Surréalisme*, Paris, Éditions du Centre Pompidou, 2011.
RICHTER Jean Paul, *Introduction à l'esthétique*, (1862), Paris, hachette/BNF, 2012.

Ecrits d'artistes
PICABIA, Francis, *Jésus-Christ rastaquouère*, (1920), Paris, S. N., Collection DADA.

Rire et philosophie
BOURQUE, Jules, *L'humour et la philosophie ; De Socrate à Jean-Baptiste Botul*, Paris, L'Harmattan, 2010.
DUMONCEL, Jean-Claude, *Deleuze et l'humour*, Ed. M-Editer., éd. Electronique, 2010.

Philosophie
ADORNO, Theodor et HORKHEIMER, Max, *La dialectique de la raison, Fragments philosophiques*, (1944), Paris Gallimard, tell, 1983.
AGAMBEN, Giorgio, *Moyens sans fins, Notes sur la politiques*, « Le visage » (1995), Paris, Rivages, 2002.
BACHELARD, Gaston, *L'air et les songes*, 1943, Paris, José Corti, Le Maquis. En ligne.
BACHELARD, Gaston, *La poétique de l'espace*, Les Presses universitaires de France, 3ᵉ édition, 1961. Collection : Bibliothèque de philosophie contemporaine.
BENJAMIN, Walter, *Œuvres II*, Paris, Folio, 2013.
FOUCAULT, Michel, *Dits et écrits*, « Les têtes de la politiques », Paris, Gallimard, Quatro, 1976.
JANKELEVITCH, Vladimir, *L'ironie*, (1964), *Paris*, Flammarion, 2011.
NIETZSCHE, Friedrich, *Ainsi parlait Zarathoustra*, in : *Œuvres complètes*, Paris, Flammarion, Milles et une pages, 2011.

Monographie/livres d'art/entretiens d'artistes
BRETT Guy, ARCHER Michael, de ZEGLER Catherine, *Mona Hatoum*, Phaidon, 1997.
DIETMAN Erik, Centre Georges Pompidou, Musée National d'Art Moderne, Paris, 15 juin - 29 août 1994.
GAUDRIAULT, Caroline, *Hypothèses*, Paris, Editions Paradox, 2011.

HULTEN, Ponthus, *Paris-Berlin : (1900-1933)*, Paris, Editions du Centre Pompidou, (1978), 1992

WEIBEL, Peter, *Kata Legrady: Smart Pistols*, Berlin, Distanz Verlag, 2014.

WESKI Thomas, *PARR Martin, Le Monde de Martin Parr : objets et cartes postales*, Christophe Jaquet, Éditions Textuel, 2008.

Psychologie/psychanalyse

FREUD, Sigmund, *Le mot d'esprit et ses rapports avec l'inconscient*, (1905), Paris, Folio, 2014.

LAPLANCHE, PONTALIS, *Vocabulaire de psychanalyse*, Paris, Editions PUF, 1981 (7ème éd).

TISSERON, Serge, *Du bon usage de la honte*, Paris, Ramsay, 1998.

Sociologie

BOURDIEU, Pierre, *La domination masculine*, Paris, Seuil, Collection Liber, 1998.

Dictionnaires

BIRON, Adam, PASSERON, René, *Dictionnaire général du surréalisme et de ses environs*, Fribourg, Office du livre, 1982.

OTTINGER, Didier (dir.), *Dictionnaire de l'objet surréaliste*, Paris, Gallimard, 2013.

ARTICLES/CHAPITRES D'OUVRAGE

LARGE, Anne-Lise, « Le peuple qui manque », *in* : *Biennales d'art contemporain, Œuvres et frontières*, Eric Bonnet (dir.), Paris, L'Harmattan, 2016.

LE GOFF, Jacques. « Une enquête sur le rire ». *In* : Annales. Histoire, Sciences Sociales. 52e année, N. 3, 1997.

TILLIER, Bertrand, « Du caricatural dans l'art du XXe siècle », *Perspective*, 4, 2009.

Remerciements

Ce livre est le résultat d'un travail de recherche réalisé dans le cadre de ma thèse de doctorat ; il a été rendu possible grâce à l'Université Paris 8, l'Ecole Doctorale « Esthétique, Sciences et Technologie des Arts », le Laboratoire Art des Images et Art Contemporain, l'UFR Art et Philosophie et le Département d'arts plastiques de l'Université Paris 8 : je les remercie de leur soutien.

Je remercie aussi spécialement :

- Mon directeur de recherche, Monsieur Eric Bonnet, artiste et Professeur des universités à l'Université Paris 8, pour son accompagnement,
- Monsieur François Soulages, Professeur des universités à l'Université Paris 8 pour son soutien et ses précieux conseils,
- Monsieur Dominic Hardy, Professeur des universités à l'Uqam à Montréal, pour ses enseignements à l'automne 2014,
- Madame Nicoletta Isar, Associate Professeur à l'Université de Copenhague pour ses encouragements,
- Monsieur Martin Zerlang professeur en Humanités à l'université de Copenhague pour ses conseils de lecture,
- Monsieur Robert Aird, historien de l'humour, pour l'entretien qu'il m'a accordé et qui a été utile à mes recherches,
- Messieurs Ludovic et Claude Gaudriault, pour leur soutien.

Table des matières

Introduction 5
1er moment. Eléments réflexifs & histoire de l'art 9
Chapitre 1 – Les objets & le rire 11
Chapitre 2 – Des Incohérents au Surréalisme 17
2ème moment. Réintégrer le banal & le quotidien 25
Chapitre 3 – Objet, rire & violence 27
    Un rire satirique 27
    La collection : un mode d'esthétisation de la satire 29
    Objet-satire 33
    Charger le visage du pouvoir 34
    Agencements, matériau & titre 40
Chapitre 4 – *Witz* & carnavalisation 49
    Les œuvres de Mona Hatoum 49
    Ironie & condensation 56
    Un bricolage spontané 56
    Axiologie verticale 62
    Circularité & circulation 66
    Ironie oscillatoire 70
Chapitre 5 – Ironie de l'objet métaphorique & *catharsis* 75
    Un humour indécidable 76
    Ballons de baudruche 78
3ème moment. Rire des armes 83
Chapitre 6 – Distancier les armes 85
    Matériaux alimentaires 86
    Périssable & monumentalité 89
    Humour relationnel 90
Chapitre 7 – Circularités 95
    Witz & condensation 95
    Symbole mathématique 97
Chapitre 8 – Le travail de Legrady 99
    Sens multiples 99
    Analogie avec l'image de Kubrick 102
    De l'objet à la relation d'objet selon la notion psychanalytique 104
4ème moment. Des jeux & des œuvres 107
Chapitre 9 – Jeu des références 109
    Football, wax & champignon atomique 109
    Ping-pong & tyrannie 111
Chapitre 10 – Drôles de jeux de société 113
    Collection & symbolique 113
    Mouvement ironique du *ready-made* 115
Chapitre 11 – Mots & matériaux 121
    Motif & jeu de mots 121
    Le retranchement comme acte de charge 123
Conclusion 125
Bibliographie 129
Remerciements 133

Suite des livres publiés dans la

Collection Eidos
by RETINA.International

Créée par Michel Costantini & dirigée par François Soulages

116 François Soulages & Bruno Zorzal (codir.), *Images d'images*
120 B. D'Angelo & Fçs Soulages (codir.), *Temps, photographie & littérature. Écrits parisiens 2017-8, 2*
139 Alejandro Erbetta, *Photographie & reconstruction d'histoires (individuelles & familiales)*
140 Alejandro Erbetta, *Pour une poétique de la mémoire. Photographie, littérature & arts*
151 Paul di Felice, *La photographie, entre tableau & dispositif. Mutations photographiques contemporaines* 152 Paul di Felic
La photographie, entre fragmentation des corps & virtualité des espaces
Mutations photographiques contemporaines
155 Gilles Picarel, *La photographie au risque de l'extériorité. Une épreuve de l'autre*
161 François Soulages & Raphaël Young Mariano (codir.), *Existence & photographie*
162 François Soulages (dir.), *Photographie & interprétation*

Série PHILOSOPHIE

11 Michel Gironde (dir.), *Les mémoires de la violence*
12 Michel Gironde (dir.), *Méditerranée & exil. Aujourd'hui*
49 Dominique Chateau, *Théorie de la fiction. Mondes possibles et logique narrative*
60 François Soulages & Aniko Adam (codir.), *Les frontières des rêves*
62 Michel Godefroy, *Chirurgie esthétique & frontières de l'identité*
63 Thierry Tremblay, *Frontières du sujet. Une esthétique du déclin*
64 Stéphane Kalla Karim, *Les frontières du corps & de l'espace. Newton*
66 Vladimir Mitz, *La transgression des frontières du corps. La chirurgie esthétique*
67 Bernard Salignon, *Frontières du réel où l'espace espace*
68 Dominique Chateau, *L'art du fragment. Frontières apparentes & frontières souterraines*
69 Pierre Kœst, *Aux frontières de l'Humain. Essai sur le transhumanisme*
71 Gabriel Baudrand, *Mathématiques & frontières*
73 Philippe Boisnard, *Frontières du visage (analogique-numérique)*
74 Aniko Adam, Aniko Radvanszky & François Soulages (codir.), *L'homme qui rêve*
77 Alain Milon & Shu-Ling Tsai, *Figures de l'homme. Au croisement des différences*
81 François Soulages (dir.), *Les frontières des langues*
100 François Soulages (dir.), *La vie hors sujet. De la philosophie à l'art & retour*
101 François Soulages (dir.), *La crise du visage*
129 Leon Fahri Neto, *Masse & multitude. A partir de Freud, Canetti & Spinoza*
131 I-ning Yang, *Blanchot-Lao Tseu : l'acte de nomination*
132 François Soulages & Leon Fahri Neto (codir.), *Masse & sujets. Philosophie & art*
137 Gabriel Baudrand, *Des discours contemporains à la lumière de Lacan*
145 F. Soulages (dir.), *La crise de la représentation. Photographie, Média & capitalisme, 3. Corée / France*
159 Gilles Picarel (dir.), *L'extériorité à l'épreuve de l'autre*
160 Michel Godefroy, *Esthétique de l'art médical*
163 François Soulages (dir.), *Éloge de la recherche*
164 François Soulages (dir.), *Éloge de la photographie*
165 François Soulages (dir.), *Éloge de l'esthétique*
166 François Soulages (dir.), *Éloge du philosopher*
167 S. Kalla & B. Oruç (codir.), *Intelligence artificielle : risque ou opportunité ?*

Série IMAGE

14 Éric Bonnet (dir.), *Esthétiques de l'écran. Lieux de l'image*
18 Bernard Lamizet, *L'œil qui lit. Introduction à la sémiotique de l'image*
30 François Soulages & Pascal Bonafoux (codir.), *Portrait anonyme*
35 Pascal Martin & François Soulages (codir.), *Les frontières du flou*

36 Pascal Martin & François Soulages (codir.), *Les frontières du flou au cinéma*
40 Marie-Luce Liberge, *Images & violences de l'histoire*
56 François Soulages & Sandrine Le Corre (codir.), *Les frontières des écrans*
61 M. Rinn & N. Narváez Bruneau (codir.), *L'Afrique en images*
82 Stéphane Kalla Karim (dir.), *Mises en scène de l'invisible. Frontières de l'image & du sens 1*
83 S. Kalla Karim (dir.), *Espace-temps & mémoire de l'œuvre d'art. Frontières de l'image & du sens 2*
88 J. Medina, M. Mora & F. Soulages (codir.), *Frontières & dictatures. Images, regards – Chili, Argentine*
89 Marie-Luce Liberge (dir.), *Rire, Violence, Histoire dans les images & les œuvres*
105 Marion Delgoulet, *La conquête de l'invisible. Aux frontières des images mentales*
110 J-C Bourcart, A-L Large & F Soulages (codir.), *Les frontières du visible. New York*
127 François Soulages & Bruno Zorzal (codir.), *Image & anonymat à l'ère du contemporain*
133 Biagio D'Angelo & François Soulages (codir.), *Le flou de l'image*
143 M.-D. Bidard & C. Blanvillain (codir.), *Voir/Montrer la guerre aujourd'hui, 1. Vision(s)*
144 C. Blanvillain & C. Boutevin (codir.), *Voir/Montrer la guerre aujourd'hui, 2. Visée(s)*
153 Biagio D'Angelo & François Soulages (codir.), *Image & utopie*
168 Dominique Château, *9' 29' La mort filmée de GeorgeFlyod*

Série LITTÉRATURE

70 Aniko Adam, *Du vague des frontières. Espaces, littératures & langues*
76 François Soulages (dir.), *Malraux, le passeur de frontières*
93 François Soulages (dir.), *Le flou & la littérature*
96 Richard Spiteri, *Benjamin Péret. Travail en chantier*
109 Edmond Nogacki, *Plasticité de la poésie de René Char*
117 Vincent Metzger, *Henri Michaux. Fiction & diction*
119 Biagio D'Angelo, *Espace. Topographies imaginaires. Écrits parisiens 2017-8, 1*
120 B. D'Angelo & Fçs Soulages (codir.), *Temps, photographie & littérature. Écrits parisiens 2017-8, 2*
121 Biagio D'Angelo, *Espace-Temps. Proust & les créations contemporaines. Écrits parisiens 2017-8, 3*
142 Fçs Soulages, A. Ádám & A. Radvánszky (codir.), *Lire & vivre. Études sur l'expérience de la lecture*
157 Vincent Metzger, *De l'interruption dans l'aphorisme et l'essai*

Série ART

3 François Soulages (dir.), *La ville & les arts*
13 Éric Bonnet (dir.), *Le Voyage créateur*
31 Julien Verhaeghe, *Art & flux. Une esthétique du contemporain*
37 Gezim Qendro, *Le surréalisme socialiste. L'autopsie de l'utopie*
38 Nathalie Reymond *À propos de quelques peintures et d'une sculpture*
39 Guy Lecerf, *Le coloris comme expérience poétique*
41 Pascal Bonafoux, *Autoportrait. Or tout paraît*
42 Kenji Kitayama, *L'art, excès & frontières*
43 Françoise Py (dir.), *Du maniérisme à l'art post-moderne*
48 Marc Veyrat, *La Société i Matériel. De l'information comme matériau artistique, 1*
51 Patrick Nardin, *Effacer, Défaire, Dérégler... entre peinture, vidéo, cinéma*
55 Françoise Py (dir.), *Métamorphoses allemandes & avant-gardes au XXe siècle*
58 Fçs Soulages & A. Erbetta (codir.), *Frontières & migrations. Allers-retours géoartistiques & géopolitiques*
65 Marc Veyrat, *Never Mind, De l'information comme matériau artistique, 2*
72 Sandrine Le Corre, *Frontières & arts. De l'opacité à la fraternité*
75 François Soulages & Alejandro Erbetta (codir.), *Frontières & mémoires, arts & archives*
78 C. Bodet, A. Chareyre-Méjan & L. Iacovo (codir.), *Dimension poétique*
80 A. M. Mora Luna & P. Ordóñez Eslava (codir.), *Les arts en [temps de] crise*
87 Angèle Ferrere, *Du chantier dans l'art contemporain*
90 A. M. Mora Luna, P. Ordóñez Eslava & F. Soulages (codir.), *Arts & Frontières, Espagne & France*
91 J.-F. Desserre, *L'image peinte. Enjeux & perspectives de la peinture figurative des années 1990 à nos jours*
94 Qing Chen, *Mise en scène d'un corps performatif. Entre identité & altérité*
102 Éric Bonnet & Qing Chen (codir.), *JE est un autre. Art contemporain en Chine & en France*
103 François Soulages & Alejandro Erbetta (codir.), *Art & reconstruction*

108 Michel Godefroy, *Esthétique & psychiatrie*
113 François Soulages & Gilles Picarel (codir.), *Art & extériorité*
122 B. D'Angelo, Fçs Soulages & S. Venturelli (codir.), *Esthétique & connectivité*
123 Sandrine Le Corre, *Esthétique de la vitrine*
124 François Soulages (dir.), *Espace public & espace artistique. Frontières entre sans-art & art*
130 François Soulages (dir.), *Interprétation & art. Risque & nécessité*
134 François Soulages & Thierry Tremblay (codir.), *Interprétation & extériorité*
135 François Soulages (dir.), *L'inachevable interprétation. Des arts visuels à la littérature-art*
136 Vincenzo Cuomo, *Une cartographie du techno-art. Le champ du non-symbolique*
138 Marie-Luce Liberge, *Esthétique du rire & violence de l'Histoire*
146 Éric Bonnet (dir.), *Mémoires & créations. France & Corée contemporaines*
148 Suzanne Beer, *Musées virtuels & réalités muséales*
149 Michel Godefroy, *Le conflit esthétique. Du vandalisme à l'art contemporain*
150 François Soulages (dir.), *Pluralité des interprétations*
154 Juae Eum, *Réinventions de la mémoire dans la création artistique*
156 Marie-Luce Liberge, *Quand l'artiste détourne l'objet. Le rire face aux violences*
158 Caroline Blanvillain, *Le sujet à l'œuvre*

Série ARTISTE
17 Manuela de Barros, *Duchamp & Malevitch. Art & Théories du langage*
44 Bertrand Naivin, *Roy Lichtenstein, De la tête moderne au profil Facebook*
50 Marc Giloux, *Anon. Le sujet improbable, notations, etc.*
52 Alain Snyers, *Le récit d'une œuvre 1975-2015*
104 Raphaël Yung Mariano, *Scènes de la vie familiale. Ingmar Bergman*
106 François Py (dir.), *De l'art cinétique à l'art numérique. Franck Popper*
118 François Soulages & Sophie Armache Jamoussi, (codir.) *Masques & identités. Bernard Kœst*
128 François Soulages (dir.), *Temps & photographie. A partir de Bernard Kœst*
141 Hwamin Shin, *Sophie Calle. Regard sur autrui : du déséquilibre à l'imaginaire*
147 Panayotis Papadimitropoulos, *Raymond Depardon & la philosophie*

Série SÉMIOTIQUE, Groupe E.I.D.O.S.
1 Michel Costantini (dir.), *Ecce Femina*
4 Michel Costantini (dir.), *Sémiotique du beau*
5 Groupe EIDOS, *L'image réfléchie. Sémiotique et marketing*
6 Michel Costantini (dir.), *L'Afrique, le sens. Représentations, configurations, défigurations*
7 Pascal Sanson & Michel Costantini (dir.), *Le paysage urbain*
28 M. Tamisier & M. Costantini (dir.), *Opinion, Information, Rumeur, Propagande*
29 M. Costantini (dir.), *La sémiotique visuelle : nouveaux paradigmes*
46 M. Costantini (dir.), *Sémiotique des frontières, art & littérature*
125 M. Costantini (dir.), *Bornes & traversées. Sémiotique des frontières, I*,
126 M. Costantini (dir.), *Limites & seuils. Sémiotique des frontières, II*,

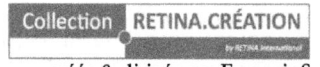

créée & dirigée par François Soulages

1. Alejandro Erbetta, *Frontières & mémoires* 3. Alejandro Erbetta, *Aux frontières de l'oubli*
2. Gilles Picarel, *Les frontières de l'extériorité* 6. Gilles Picarel, *Affleurement* 7. Gilles Picarel, *Résidant*
4. Bernard Kœst, *J'aurais temps aimé ! Aux frontières d'Argenton* 14. B. Kœst, *J'ai un crâne dans la tête*
5. Éric Bonnet, *Frontières, limbes & milieux*
8. Démosthène Agrafiotis, *Sauver Venise* 13. Démosthène Agrafiotis, *Antikleia*
9 Paul di Felice, *L'œil cathodique*
10 Michel Sicard & Mojgan Moslehi, *Temps interférentiel dans la photographie* 12 M. Sicard & M. Moslehi, *Photograph*
11 Olga Tsvietkova, *L'œil inhabité*

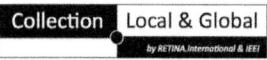

créée & dirigée par Gilles Rouet & François Soulages

1 Gilles Rouet & François Soulages (codir.), *Frontières géoculturelles & géopolitiques*
2 S. Dufoulon & M. Rostekova (codir.), *Migrations, Mobilités, Frontières & Voisinages*
3 H. Balintova & J. Palkova (codir.), *Productions et perceptions des créations culturelles*
4 Gilles Rouet (dir.), *Citoyennetés et Nationalités en Europe. Articulations et pratiques*
5 Serge Dufoulon & Jacques Lolive (codir.), *Esthétiques des espaces publics*
6 A. Galabov & J. Sayah (codir.), *Participations & citoyennetés depuis le Printemps arabe*
7 Gilles Rouet (dir.), *Nations, cultures et entreprises en Europe*
8 Serge Dufoulon (dir.), *Internet ou la boite à usages*
9 Gilles Rouet (dir.), *Usages de l'Internet. Éducations & culture*
10 Dominique Berthet, *Art contemporain en Martinique*.
11 Gilles Rouet (dir.), *Usages politiques des nouveaux médias*
12 Radovan Gura & Natasza Styczynska (codir.), *Identités & espaces publics européens*
13 Gilles Rouet (dir.), *Quelles frontières pour quels usages ?*
14 Anna Krasteva (dir.), *e-Citoyenneté*
15 Gilles Rouet (dir.), *Mobilisations citoyennes dans l'espace public*
16 François Soulages (dir.), *Géoartistique & Géopolitique, Frontières*
17 Serge Dufoulon & Gilles Rouet (codir.), *Europe partagée, Europe des partages*
18 Marc Veyrat (dir.), *Arts & espaces publics*
19 Isabelle Moindrot & Sangkyu Shin (codir.), *Transhumanités*
20 Anna Krasteva & Despina Vasilcu (codir.), *Migrations en blanc. Médecins d'est en ouest*
21 Thierry Côme & Gilles Rouet (codir.), *Esthétiques de la ville. Équipements & usages*
22 David Sudre & Matthieu Genty (codir.), *Le sport. Diffusion globale et pratiques locales*
23 Ivaylo Ditchev & Gilles Rouet (codir.), *La photographie : mythe global et usage local*
24 I. Saleh, N.Bouhaï & H. Hachour (codir.), *Les frontières numériques*
25 François Soulages (dir.), *Biennales d'art-contemporain & frontières*
26 Martin Klus & Gilles Rouet (codir.), *Médias et sociétés interculturelles*,
27 Eric Bonnet (dir.), *Frontières & œuvres, corps & territoires*
28 Radovan Gura & Gilles Rouet (codir.), *Intégration & voisinage européens*
29 M. Rostekova & P. Terem (codir.), *Politiques & coopérations, l'espace euro-méditerranéen*
30 François Damon, *L'art contemporain au Viêt-Nam*
31 Éric Bonnet & François Soulages (codir.), *Frontières & artistes, en Méditerranée*
32 François Soulages (dir.), *Mondialisation & frontières. Arts, cultures & politiques 1*
33 É. Bonnet & F. Soulages (codir.), *Lieux & mondes. Arts, cultures & politiques 2*
34 A. Galabov & G. Rouet (codir.), *Services publics, entreprises publiques, pour les citoyens ?*
35 Petia Gueorguieva & Anna Krasteva (dir.), *La rue & l'e-rue*
36 M. Rinn & N. Narváez Bruneau (dir.), *L'Afrique en discours. Lieux communs, stéréotypes, crise*
37 Thierry Côme & Gilles Rouet (codir), *Innovations managériales, enjeux et perspectives*
38 Francis Massé, *Aux frontières du management*
39 Bogdan Bogdanov, *Penser et construire l'Europe*
40 Benoît Blanchard, *La dynamique des Frontières. Biennales d'art contemporain*
41 H Hachour, N Bouhaï & I Saleh (codir.), *Frontières numériques & savoir*
42 H Hachour, N Bouhaï & I Saleh (codir.), *Frontières numériques & artefacts*
43 Pierre San Ginès, *Frontières, Réalités & Imaginaires*
44 Joseph Jehl, *Des frontières invisibles. Voyage au centre de la règle de droit*
45 Ľudovít Hajduk & Martin Klus (codir), *Éducation & dialogue interculturel*
46 Sylvie Lemasson, *Histoire de frontières. La République des deux nations*
47 Radovan Gura & Gilles Rouet (codir), *Les citoyens & l'intégration européenne*
48 Stela Raytcheva & Gilles Rouet (codir), *Les entreprises & l'intégration européenne*
49 Eric Bonnet (dir.), *Biennales d'art contemporain. Œuvres & frontières*
50 Marie Stoicheva & Gilles Rouet (codir.), *Identités, démocratie, frontières*
51 Radovan Gura & Gilles Rouet (codir.), *Diplomatie plurielle : acteurs & citoyens*
52 M. Mourad Attarça & P. Terem (codir.), *Diplomaties plurielles*
53 R. Gura & G. Rouet (codir.), *Pratiques du soft power*
54 A.-C. Bonnaire & C. Lips (codir.), *Construire l'espace européen de l'enseignement supérieur*
55 YUN Kusuk, *Territoires de l'art contemporain et mondialisation. Trois pays d'Asie de l'Est : Japon, Chine, Corée du Sud*

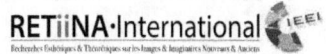

Structures éditoriales
du groupe L'Harmattan

L'Harmattan Italie
Via degli Artisti, 15
10124 Torino
harmattan.italia@gmail.com

L'Harmattan Hongrie
Kossuth l. u. 14-16.
1053 Budapest
harmattan@harmattan.hu

L'Harmattan Sénégal
10 VDN en face Mermoz
BP 45034 Dakar-Fann
senharmattan@gmail.com

L'Harmattan Congo
219, avenue Nelson Mandela
BP 2874 Brazzaville
harmattan.congo@yahoo.fr

L'Harmattan Cameroun
TSINGA/FECAFOOT
BP 11486 Yaoundé
inkoukam@gmail.com

L'Harmattan Mali
ACI 2000 - Immeuble Mgr Jean Marie Cisse
Bureau 10
BP 145 Bamako-Mali
mali@harmattan.fr

L'Harmattan Burkina Faso
Achille Somé – tengnule@hotmail.fr

L'Harmattan Togo
Djidjole – Lomé
Maison Amela
face EPP BATOME
ddamela@aol.com

L'Harmattan Guinée
Almamya, rue KA 028 OKB Agency
BP 3470 Conakry
harmattanguinee@yahoo.fr

L'Harmattan Côte d'Ivoire
Résidence Karl – Cité des Arts
Abidjan-Cocody
03 BP 1588 Abidjan
espace_harmattan.ci@hotmail.fr

L'Harmattan RDC
185, avenue Nyangwe
Commune de Lingwala – Kinshasa
matangilamusadila@yahoo.fr

Nos librairies
en France

Librairie internationale
16, rue des Écoles
75005 Paris
librairie.internationale@harmattan.fr
01 40 46 79 11
www.librairieharmattan.com

Librairie des savoirs
21, rue des Écoles
75005 Paris
librairie.sh@harmattan.fr
01 46 34 13 71
www.librairieharmattansh.com

Librairie Le Lucernaire
53, rue Notre-Dame-des-Champs
75006 Paris
librairie@lucernaire.fr
01 42 22 67 13